Texte **Medien**

Friedrich Dürrenmatt

Der Besuch der alten Dame

Informationen für Lehrerinnen und Lehrer

Erarbeitet von Peter Bekes

Schroedel

Texte • Medien

Herausgegeben von Peter Bekes und Volker Frederking

Druck A 1 / Jahr 2010
Alle Drucke der Serie A sind im Unterricht parallel verwendbar.

Redaktion: Franziska Voigt, Hamburg
Herstellung: Ira Petersohn, Ellerbek
Reihentypografie: Iris Farnschläder, Hamburg
Satz: UMP Utesch Media Processing GmbH, Hamburg
Druck: pva, Druck und Medien-Dienstleistungen GmbH, Landau

Das Texte • Medien -Programm zu »Der Besuch der alten Dame«:

978-3-507-47126-9 Materialien und Arbeitsanregungen
978-3-507-47226-6 Informationen für Lehrerinnen und Lehrer

Informationen und Materialien im Internet:
www.schroedel.de/textemedien

ISBN 978-3-507-**47226**-6

Inhalt

Verwendete Abkürzungen:
T = Text der Ausgabe: Friedrich Dürrenmatt: Der Besuch der alten Dame. Neufassung 1980. Zürich: Diogenes 1998 (Diogenes Taschenbuch Verlag Nr. 23045)
M = Friedrich Dürrenmatt: Der Besuch der alten Dame. Materialien und Arbeitsanregungen. Erarbeitet von Peter Bekes. Braunschweig: Schroedel 2007

Einleitung

Friedrich Dürrenmatts »tragische Komödie« »Der Besuch der alten Dame«, die am 26. Januar 1956 am Zürcher Schauspielhaus uraufgeführt wurde, ist bis heute neben den »Physikern« das bekannteste und erfolgreichste Stück des Schweizer Autors. Es verhalf dem Dichter zum literarischen Durchbruch, war der Initialpunkt einer beispiellosen internationalen literarischen Karriere. Mittlerweile ist es in viele Sprachen übersetzt und mehrfach verfilmt worden. Darüber hinaus ist es auch immer wieder auf den Spielplänen des gegenwärtigen Theaters zu finden.

Auch in der Schule ist das Drama – das zeigen die Lektürelisten für die Sekundarstufe I und die curricularen Empfehlungen und thematischen Vorgaben zu den zentral gestellten Abituraufgaben in den einzelnen Bundesländern – seit Langem kanonisiert. Häufig wird »Der Besuch der alten Dame« am Ende der Sekundarstufe I gelesen, mit Gewinn kann das Drama aber auch, dann auf höherem Anspruchs- und Lernniveau, in der gymnasialen Oberstufe behandelt werden.

Um die Schüler(innen) zu einer konkreten Auseinandersetzung mit den im Stück vorgestellten Situationen, Problemen, Konflikten und Gesprächen anzuleiten und sie gleichzeitig zu Einsichten in dessen sprachliche und szenische Gestaltungsformen zu führen, müssen die grundlegenden Arbeitsbegriffe und Methoden der Dramenanalyse, die den Schüler(inne)n aus der Sekundarstufe I vertraut sind, wiederholt und – den obligatorischen Vorgaben der Lehrpläne entsprechend – erweitert und vertieft werden. Dazu möchte der vorliegende Kommentar gezielte Hilfen in Form von sachanalytischen Hinweisen und didaktischen Anregungen für den Unterricht geben. Die Handreichungen bieten den Lehrer(inne)n für die zum Teil aufwendige Planung, Durchführung und Nachreflexion von Unterrichtsstunden Entlastung in Form von interpretatorischen Hinweisen und didaktisch-methodischen Hilfen an.

Die folgenden Ausführungen sind an Vorgaben der Lehrpläne der verschiedenen Bundesländer, schulischen Bedürfnissen und konkreten Zielen von Lehrer(inne)n ausgerichtet, die das Stück »Der Besuch der alten Dame« im Deutschunterricht am Ende der Sekundarstufe I bzw. in den verschiedenen Kursen der gymnasialen Oberstufe behandeln wollen. Der sachanalytische Teil orientiert sich im Wesentlichen an den Erfordernissen des hier vorgestellten Unterrichtsvorhabens. Nach einer kurzen Skizzierung des historischen Kontextes und der Entstehung des Stückes werden zentrale Bausteine und Aspekte der Interpretation sowie dramentheoretische Äußerungen des Autors vorgestellt.

Im fachdidaktischen Teil werden zunächst die didaktischen Rahmenbedingungen des Unterrichtsvorhabens erläutert und schwerpunktmäßig die Ziele bzw. Kompetenzen, die mit ihm realisiert werden können, formuliert. Im Anschluss daran wird ein in der Praxis erprobtes Unterrichtsmodell vorgestellt. Dabei werden in kursorischer Form Alternativen zur Organisation und didaktischen Gestaltung des Unterrichtsvorhabens genannt, die insbesondere den Lektüremodus und den Anteil der Schüler(innen) bei der Planung der Arbeit mit dem Drama betreffen. Tafelbilder und Anregungen für Klausuren sowie Hinweise zu den Aufgaben in dem Heft »Materialien und Arbeitsanregungen« runden das Unterrichtskonzept ab.

Der historische Kontext

»Jedes Theaterstück hat nun einmal seinen soziologischen Hintergrund; der große Fehler mancher Dramatik – auch mancher modernen Dramatik – besteht darin, den Menschen nur als Individuum darzustellen, gleichsam raumlos, oder dann höchstens in einem konventionellen Rahmen. Der Mensch ist nun aber ein zoon politikon, und der politische Zwinger, in welchem er sich aufhält, in welchem er mehr oder weniger gut gefüttert wird und in welchem er seine Gewohnheiten entwickelt, dieser politische Zwinger bestimmt auch ihn.« (Friedrich Dürrenmatt in: Horst Bienek: Werkstattgespräche mit Schriftstellern. © 1962 Carl Hanser Verlag, München)

Auch oder gerade »Der Besuch der alten Dame« hat den von Dürrenmatt bezeichneten soziologischen Hintergrund. Entstanden, veröffentlicht und uraufgeführt Mitte der Fünfzigerjahre des 20. Jahrhunderts bezieht es sich – darauf verweist schon der vom Autor zunächst erwogene Untertitel »Komödie der Hochkonjunktur« – auf den Wirtschaftsboom, der nach dem Zweiten Weltkrieg in der Schweiz einsetzte. Diese fiebrige konjunkturelle Entwicklung, die sich vor allem dem Aufblühen des Tourismus, der Steigerung der Exporte und der Transformation der eher landwirtschaftlich geprägten Schweiz in einen Industriestaat verdankte, besitzt ihr ökonomisches Pendant in dem sich allerdings später in der Bundesrepublik Deutschland abzeichnenden Wirtschaftswunder, das denjenigen wieder Macht und Besitz gebracht hatte, die schon vor oder während der Nazizeit darüber verfügten. Sicherlich hatte Dürrenmatt, der ja sein Stück für das deutschsprachige Theater schrieb, auch die politischen Verhältnisse in beiden Ländern im Blick. Mit dem politischen Restauratorium in der Schweiz ist auch das der Adenauer-Zeit in der Bundesrepublik Deutschland gemeint. Für beide charakteristisch sind Konsum- und Erfolgsdenken, Konkurrenzdruck und Aufstiegsstreben. Mit seiner »tragischen Komödie« hält Dürrenmatt dem kapitalistischen System den Spiegel vor, dessen soziale Widersprüche und politischen Verwerfungen nur notdürftig durch die Wonnen des Wirtschaftswunders kaschiert wurden. Seine dramatische Verfremdungskunst macht die entfremdeten sozialen Verhältnisse transparent, deren Inbegriff die Alltagswelt der Güllener ist: Güllen, der Schauplatz des Stückes, ist imaginär, aber Güllen ist zugleich »pars pro toto« Ausdruck für zivilisatorischen Fortschritt und Wachstumsdenken, die die menschlichen Grundlagen des Lebens bedrohen.

Zur Entstehung

»Ich gehe nicht von einer These, sondern von einer Geschichte aus«, so lautet der erste von 21 Punkten, die Friedrich Dürrenmatt zu seinem Erfolgsstück »Die Physiker« notierte (Friedrich Dürrenmatt: Die Physiker, Neufassung Zürich 1980, S. 91). Die *Geschichte* seiner tragischen Komödie »Der Besuch der alten Dame« ist seine unvollendete Erzählung »Mondfinsternis« aus dem Jahre 1955. Hier findet sich die Grundidee seines Stückes: »Die Geschichte spielte sich in einem Bergdorfe ab, aus Amerika kehrte ein Auswanderer heim und nahm Rache an seinem alten Rivalen. Das war die erste Phase. Dann die zweite: aus dem Auswanderer wurde eine Frau: die Multimillionärin Claire Zachanassian. Aus dem Bergdorf: Güllen.« (Friedrich Dürrenmatt in: Horst Bienek: Werkstattgespräche mit Schriftstellern. © 1962 Carl Hanser Verlag, München. Vgl. M, S. 15). Dramatisch wurde diese Geschichte für Dürrenmatt durch die Konstellation der Figuren. Konfrontiert werden diese mit der Frage, ob sie bereit sind, für Geld den Rachefeldzug der Hauptfigur zu unterstützen, d. h. letztlich einen ihrer Mitbürger zu ermorden.

Mit dieser dramatischen Konstellation war allerdings für den Dichter noch nicht das zentrale dramaturgische Problem gelöst, wie er eine Kleinstadt, also ein Kollektiv, auf die Bühne bringen sollte. Die Lösung des Problems ergab sich für ihn aus seinen Zugfahrten, die ihn damals häufiger von Neuchatel nach Bern führten. Der Schnellzug hielt, so erinnert sich Dürrenmatt, an Bahnhöfchen mit kleinen Bahnhofsgebäuden und Bedürfnisanstalten. Dies war für ihn das Milieu, in dem sein Stück spielen sollte: ein typischer Ort, in dem mit der Protagonistin auch der Zuschauer ankommt (vgl. M, S. 15 f.).

Inhalt

Erster Akt

Der Titel des Stückes klingt harmlos, fast ein wenig gemütlich. Sein Inhalt dementiert jedoch die Erwartungen, die der Titel aufseiten des Lesers auslöst: Da kehrt mit Claire Zachanassian eine reiche alte Dame in ihre Heimatstadt zurück, in die Stadt, in der sie in ärmlichen Verhältnissen ihre Kindheit und Jugend verbracht hat. Am Bahnhof von Güllen wird sie freundlich von den Honoratioren der Stadt empfangen. Doch ihr Besuch verheißt nichts Gutes. Sicherlich, sie will den hoch verschuldeten Bewohnern des heruntergekommenen Ortes ein Geschenk machen, ihnen zu Reichtum verhelfen; doch dafür verlangt sie von ihnen allen eine Gegenleistung. Schon vorher hat die Milliardärin den Ort aufgekauft. Nun ist sie zurückgekommen, um Gerechtigkeit zu fordern für das, was ihr ihr Jugendgeliebter, der Krämer Alfred Ill, der immer noch in der Stadt lebt, angetan hat: Er hatte sie, die von ihm ein Kind erwartete, ins Unglück gestürzt und aus der Stadt vertrieben. Aus ihrem Elend konnte sie sich – wie Aschenputtel – befreien. Jetzt ist sie Milliardärin und will den Tod des einstigen Geliebten von den Bewohnern der Stadt erkaufen: Wenn sie ihn umbringen, so ihr verlockendes Angebot, will sie jedem von ihnen eine Million zahlen. Empört weisen die Güllener, indem sie sich auf ihre vorgeblich humanistische Vergangenheit berufen, die Offerte Claires zurück. Das ist der zentrale Konflikt des Stückes. Mit seiner Profilierung endet der erste Akt des Dramas.

Zweiter Akt

»Der zweite Akt zeigt das Kräftespiel unter den Güllenern zwischen Armut und Anständigkeit einerseits und sichtbarem und verfügbarem Wohlstand ›auf Kredit‹ andererseits.« (Mayer 1981, S. 24). Immer wieder bekunden die Güllener ihre Solidarität mit Ill, doch das Geld der alten Dame lockt und verführt sie zu maßlosem Konsum. Fortan kaufen sie auf Pump. Das setzt Ill unter Druck. Zunehmend entfremdet er sich der Familie und seinen Mitbürgern, bis er schließlich die Nerven verliert. So arbeitet die Zeit für Claire, die, geduldig auf dem Balkon des Gasthauses zum »Goldenen Apostel« sitzend, darauf wartet, ihren Rachefeldzug gegen ihren treulosen Liebhaber zu Ende führen zu können. Am Ende des Aktes rät der Pfarrer Ill, die Stadt zu verlassen (»Flieh, führe uns nicht in Versuchung, indem du bleibst.« T, S. 76), doch die Güllener verhindern – wiederum ist der Bahnhof Schauplatz des Geschehens – aus eigensüchtigen Interessen seine Flucht. Am Ende ist Ill isoliert und sieht ein, dass er verloren ist.

Dritter Akt

Als der Lehrer Claire auffordert, vom Geschäft der Rache abzulassen, sich zu reiner Menschlichkeit durchzuringen, macht sie ihm unmissverständlich klar, dass der Mammon die Welt regiert und deren Moral längst unterminiert hat. Und auch sein letzter Versuch, das Unheil noch abzuwenden, die Wahrheit in der Öffentlichkeit vor der Presse zu verkünden, ist nur noch als Farce zu begreifen. Inspiriert wird seine Rede nicht durch den Geist des Abendlandes, sondern durch den Alkohol. Das macht ihn zur komischen Figur. Vollends wird sein späterer Auftritt in der Gemeindeversammlung zur Groteske, wenn er die Gründe, die er gegenüber Claire geltend machte, um sie um Gnade für Ill zu bitten, nun zitiert, um dessen Verurteilung zu legitimieren.

Im Zentrum des Aktes steht das im Theatersaal des »Goldenen Apostels« einberufene Gemeindegericht. Seinem Urteil will sich Ill unterwerfen, um für seine persönliche Schuld zu sühnen. Die Verhandlung ist von Dürrenmatt als Spiel im Spiel gestaltet. Vor der Weltöffentlichkeit in Gestalt von Reportern und Fotagrafen, den von Dürrenmatt im Personenverzeichnis als »Lästigen« bezeichneten Figuren, soll hier der Schein der Gerechtigkeit gewahrt werden. Der brutale Mord an Ill durch die Güllener wird als Tod durch »Herzschlag« verklärt und – welcher Hohn – der medialen Öffentlichkeit als »Tod aus Freude« (T, S. 130) präsentiert. Der Scheck der Zachanassian besiegelt das Geschäft und die Schmierenkomödie. Doch damit ist der Gerichtstag für den Autor noch nicht zu Ende: Diejenigen, die Ill verurteilt und exekutiert haben, sitzen nun selbst auf der Anklagebank. Das Schlusstableau, das mit der Anfangszene des Dramas einen Rahmen bildet, macht dies sinnfällig: »*Die einst graue Welt hat sich in etwas Blitzblankes, in Reichtum verwandelt, mündet in ein Welt-Happy-End ein. Fahnen, Girlanden, Plakate, Neonlichter umgeben den renovierten Bahnhof* [...].« (T, S. 131 f.). Doch der Glanz des neuen Reichtums ist trügerisch: Der Preis dafür ist ein Verbrechen, die kollektive Tötung Ills gewesen. Dem verräterischen Pathos der Güllener Schlusschöre kontrastiert das Schweigen der Protagonistin: Claire Zachanassian, »*ein altes Götzenbild aus Stein*« (T, S. 134), verlässt, den Sarg Ills mit sich führend, die Stadt.

Deutungsaspekte und Motive

Titel und Untertitel

Die Verbindung von Titel und Untertitel des Dramas öffnet den Blick für ein breites Interpretationsspektrum. Lässt der Obertitel eher ein Stück erwarten, das seinen Ausgangspunkt in dem Besuch einer alten, vielleicht etwas kauzigen Dame nimmt und deren Auftreten zu allerlei komischen Verwicklungen und Irritationen, aber letztlich zu einem glücklichen Ende führt, so bestätigt nur ein Teil des Untertitels diese poetologische Linie. Die Kennzeichnung des Stückes als »tragische Komödie« ist in sich widersprüchlich, konterkariert den Obertitel und erzeugt Dissonanzen. Offensichtlich sind dem Autor traditionelle Gattungskonventionen und Gattungsgrenzen zu eng gewesen. Deshalb war er nicht bereit, Einfall und Stoff unter einen bestimmten poetologischen Schematismus zu subsumieren. Deutlich wird damit Dürrenmatts Distanz gegenüber der herkömmlichen Gattungsbestimmung der Tragödie. In anderen Zusammenhängen hat er diesen Vorbehalt immer wieder zum Ausdruck gebracht (vgl. M, S. 47 f.).

Konstitutiv dagegen ist für ihn das poetische Paradigma der Komödie, doch dieses erscheint hier gebrochen und lässt ein Unglück, nachgerade die schlimmstmögliche Wendung des Geschehens, befürchten. Vergegenwärtigt man sich die Genese des Untertitels, dann wird klar, dass es Dürrenmatt durchaus auf diese Brechung ankam. Ursprünglich hatte er für sein Stück den Untertitel »Komödie der Hochkonjunktur« (vgl. T, S. 139) vorgesehen – ein Titel, der sicherlich in erster Linie auf die satirische Entlarvung der dem Stoff des Stückes zugrunde liegenden sozioökonomischen Verhältnisse und ihrer Agenten zielte.

Personenverzeichnis

Ein weiteres wichtiges Element des Paratextes ist das Personenverzeichnis des Stückes. Es lässt einerseits Rückschlüsse auf den Status, den Habitus und die

Charaktereigenschaften der Figuren zu, andererseits verweist es auf mögliche Konstellationen und Konflikte innerhalb des Stückes. Von Interesse ist zunächst dessen Makrostruktur. Dürrenmatt unterteilt das Personal grob in vier Gruppen: die »Besucher«, die »Besuchten«, die »Lästigen« und die »Sonstigen«.

Zur ersten Gruppe, den »Besuchern«, gehört die »alte Dame« Claire Zachanassian. Im Gegensatz zu den Namen ihrer Ehemänner und der Personen in ihrem Gefolge, die bar jeder Individualität numerisch aufgeführt werden bzw. unter Verwendung unterschiedlicher Anlaute in ihren Namen völlig typisiert sind, zeigt ihr Name auf den ersten Blick individuelle Konturen. Doch auch er ist – analog zu ihrem Erscheinungsbild – ein künstliches sprachliches Arrangement, das fiktive Produkt einer Kontaminierung von bestimmten Namen von Männern, die zur damaligen Zeit durch ihren legendären Reichtum bekannt waren, wie dem Rüstungsfabrikanten Basil Za(c)haroff, dem Reeder Aristoteles Onassis und dem armenischen Ölmagnaten Sarkis Gulbenkian. Dennoch, die Differenzen zwischen Claire und ihrem Anhang sind unverkennbar: Wie depersonalisiert und austauschbar die Figuren in ihrem Gefolge sind, zeigt der Hinweis von Dürrenmatt, dass sie alle von dem gleichen Schauspieler gespielt werden können.

Hauptrepräsentant der zweiten Gruppe, der »Besuchten«, ist Ill; er unterscheidet sich von den anderen Bürgern dadurch, dass allein er einen Eigennamen besitzt. Seine Mitbürger werden ausschließlich in ihren sozialen Rollen und Funktionen vorgestellt, wie sie in typisierter Form für das Kollektiv einer Kleinstadt wie Güllen kennzeichnend sind.

Von besonderem Interesse ist die Charakterisierung der Vertreter der Medien als die »Lästigen«. Entsprechend ihren Positionen als Agenten einer medialen Öffentlichkeit, als Radioreporter und Pressemänner, mischen sie sich in die Belange von Güllen ein, werden dort lästig, wo die Güllener aus ersichtlichen Gründen unter sich sein wollen. Dabei errichten sie, wie der Autor hellsichtig angemerkt hat, »neben der wirklichen Welt eine Phantomwelt« (T, S. 140), d. h. zwei Welten, die nicht selten miteinander verwechselt werden.

Dürrenmatt hat das Figurenensemble – darauf verweisen die Angaben am Ende des Personenverzeichnisses – in einen bestimmten zeitlich-räumlichen Zusammenhang gestellt. Die Zeitangabe »Gegenwart« ist zunächst wörtlich zu verstehen, besitzt aber auch genauso wie die Ortsbestimmung eine übertragene Bedeutung. Gemeint ist nicht nur die Gegenwart der Entstehung des Stückes im Jahre 1955, sondern auch die jeweilige gegenwärtige Erfahrungswelt der Zuschauer.

Sprechend ist der Name des Ortes: Der fiktive Ortsname »Güllen« lehnt sich an den aus dem Alemannischen stammenden Wort »Gülle« an, was so viel wie Tümpel, Sumpf, Jauche bedeutet. Güllen ist also eine Kleinstadt, die von Beginn an im Zwielicht steht, ein Ort des Schmutzes, des Abfalls und Verfalls. Am Ende bedarf es nur einer kleinen sprachlichen Korrektur, um es wieder im hellen Licht erstrahlen zu lassen. Aus »Güllen« soll auf Betreiben der Bürger, so der Autor, »Gülden« werden: »Kultur: Theatersaal. Bekannte Blasmusik« (M, S. 21).

Nicht unbedeutend ist auch der Hinweis des Autors auf die Pause, die nach dem zweiten Akt stattfinden soll. Dies ist genau kalkuliert, weil mit dem Ende des zweiten Aktes der Handlungsverlauf bzw. Spannungsbogen des Stückes einen Wende- und Höhepunkt erreicht.

Figurengestaltung

Claire Zachanassian

Claire Zachanassian ist die Protagonistin des Stückes; um sie gruppieren sich die von Dürrenmatt als »Besucher« charakterisierten Figuren, sämtlich depersonalisierte Gestalten, die austauschbar sind wie ihre Gatten und Diener. Claire benutzt sie als Handlanger ihres Rachefeldzuges. Bevor sie als Figur die Bühne betritt, hat Dürrenmatt sie schon in Abwesenheit exponiert: »*Willkommen Kläri*« (T, S. 13), so steht es liebevoll auf einem Transparent in roter Farbe. Auf ihr ruhen die Hoffnungen der Güllener. Sie soll das Geld bringen, das die Stadt so dringend benötigt (vgl. T, S. 15).

Claire Zachanassian, ehemals Klara Wäscher, ist in Güllen als Tochter eines versoffenen Baumeisters, der später wahnsinnig wurde, aufgewachsen. In ihrer Jugendzeit war sie mit Ill befreundet, so weiß es noch der Bürgermeister der Stadt. Und auch Ill erinnert sich:

Sie, »die Klara, ich sehe sie immer noch, wie sie mir durchs Dunkel der Peterschen Scheune entgegenleuchtete oder mit nackten Füßen im Konradsweilerwald durch Moos und Laub ging, mit wehenden roten Haaren, biegsam, gertenschlank, zart, eine verteufelt schöne Hexe« (T, S. 18). Kennzeichnend für Claire sind – darauf liegt der Fokus der Fremdcharakterisierung – neben ihrer Naturverbundenheit und Abenteuerlust ihre Gerechtigkeitsliebe und Freigiebigkeit (T, S. 19).

Mit den sentimental verbrämten Reminiszenzen an die Jugendzeit der Protagonistin kontrastiert ihr Erscheinungsbild, das der Nebentext des Dramas konsequent entfaltet: »*Von rechts kommt Claire Zachanassian, zweiundsechzig, rothaarig, Perlenhalsband, riesige goldene Armringe, aufgedonnert, unmöglich, aber gerade darum wieder eine Dame von Welt, mit einer seltsamen Grazie, trotz allem Grotesken.*« (T, S. 21 f.). Signalisieren die Diminutive ihrer frühen Spitznamen wie »Wildkätzchen« und »Zauberhexchen« noch natürliche Kindlichkeit und magische Verbundenheit, so wirkt sie in diesem Kontext in ihrem pompösen Aussehen und Auftreten alt, künstlich und grotesk. Das macht sie merkwürdig unwirklich, eben »unmöglich« (vgl. T, S. 22). Möglich ist sie als literarische Existenz, präfiguriert in den wirkungsmächtigen schicksalhaften Frauengestalten der antiken Mythen bzw. Tragödien: Sie ist, so schreibt Dürrenmatt, »die reichste Frau der Welt, durch ihr Vermögen in der Lage, wie eine Heldin der griechischen Tragödie zu handeln, absolut, grausam, wie Medea etwa« (M, S. 32). Und genauso wirkt sie auch auf den Lehrer. »Schauerlich«, so deutet er das kommende Unheil an, »wie sie aus dem Zuge stieg, die alte Dame mit ihren schwarzen Gewändern. Kommt mir vor wie eine Parze, wie eine griechische Schicksalsgöttin. Sollte Klotho heißen, nicht Claire, der traut man es noch zu, daß sie Lebensfäden spinnt.« (T, S. 34)

Alfred Ill

Alfred Ill, der ehemalige Geliebte von Claire, ist im Stück ihr Gegenspieler. Er ist die einzige Figur, die sich im Verlaufe des Stückes entwickelt und eine Wandlung durchmacht: »Ist Claire Zachanassian«, so schreibt auch Dürrenmatt in seinen Anmerkungen zum Stück, »unbewegt, eine Heldin, von Anfang an, wird ihr alter Geliebter erst zum Helden« (T, S. 143). Wenn Claire in Güllen eintrifft, glaubt Ill ihr gegenüber noch die Rolle des feurigen unwiderstehlichen Liebhabers spielen zu können: Die »habe ich im Sack« (T, S. 25), so sagt er dem Lehrer. Doch schon die erste Begegnung mit Claire macht deutlich, wie heruntergekommen er ist: »Du bist fett geworden. Und grau und versoffen.« (T, S. 26). So beschreibt Claire sein Erscheinungsbild. Anschließend wird er Schritt für Schritt von seiner Lebensgeschichte und seiner Schuld eingeholt. Er hat sich in seiner Vergangenheit gegen die Liebe und für das Geld entschieden. Er konnte mit der Schuld leben, hat sein Leben als »ein verschmierter windiger Krämer« (T, S. 102) gelebt und Claire brutal in ihr Schicksal gezwungen. Auf deren Erscheinen reagiert er mit »Geschichtsklitterung, Romantisierung des Liebesaugenblicks und Verschweigen des Trennungsgrundes« (Frizen 1998, S. 41). Dort, wo es persönliche Verantwortung zu übernehmen gilt, flüchtet er sich in Gemeinplätze: »Das Leben trennte uns« (T, S. 18), so lautet seine lakonische Erklärung gegenüber dem Pfarrer, der ihn dazu auffordert, Licht in die »unbestimmte Geschichte« (T, S. 18) zu bringen. Ganz und gar von sich selbst überzeugt, leugnet er zunächst seine Schuld und bagatellisiert sein Verhalten, dass er Claire schmachvoll im Stich gelassen hat, als alte Geschichte, die schon längst verjährt sei. Die Situation verschlechtert sich für ihn, als Claire den Güllenern ihr verbrecherisches Angebot unterbreitet. Zwar hofft er noch auf deren Solidarität, zumal er in Güllen seit Langem als »beliebteste Persönlichkeit« (T, S. 20) gilt und kurz davor steht, zum Bürgermeister des Ortes gewählt zu werden, doch seine Erwartungen sind trügerisch. Zeit und Geld der Zachanassian arbeiten, zunächst noch in der Latenz, später öffentlich, gegen ihn, veranlassen ihn zum Handeln. Er gibt seine Passivität auf, kämpft um sein Leben. Doch zunehmend nimmt er den Bewusstseinswandel der Güllener wahr: »Die Stadt macht Schulden. Mit den Schulden steigt der Wohlstand. Mit dem Wohlstand die Notwendigkeit, mich zu töten.« (T, S. 65)

Strukturelle Aspekte

Das Drama weist eine konventionelle Aufteilung in drei Akte auf, ohne dass die einzelnen Szenen in den Akten markiert sind. Dies entspricht einer Handlungsstruktur, die sich eng an das aristotelische Konzept der Tragödie anlehnt. Der erste Akt dient der Exposition von Figuren, Raum, Vorgeschichte und Konflikt. Dieser Dramenteil ist synthetisch und zugleich analytisch angelegt: Entflechtung der Geschehnisse in der Vergangenheit und Entfaltung der Aktionen in der Gegenwart bedingen sich hier gegenseitig, erzeugen die Verlaufsspannung, die am Ende des Aktes im Angebot von Claire an die Güllener, Ill zu töten, ihren Kulminationspunkt besitzt und auf künftige Ereignisse vorausdeutet. Während die Güllener hier noch einhellig das perfide Angebot Claires ablehnen, sich mit Ill zu solidarisieren, verändert sich der Handlungsduktus im weiteren Verlauf des Stückes.

Der zweite Akt zeigt, wie sich die um Ill und die Güllener zentrierten Handlungen allmählich voneinander entfernen, zugleich etabliert er mit der Beobachterposition Claires auf dem Balkon eine weitere Handlungsebene. Aufs Ganze gesehen hat dieser Akt einen retardierenden Charakter. Claire besteht auf der Entscheidung der Güllener und beobachtet vom Balkon des »Goldenen Apostels«, wie diese sich zunehmend in das von ihr gesponnene Netz der Verführung verstricken, sich verschulden und über ihre Verhältnisse leben. Der Verlauf des Stückes veranschaulicht in einer Reihe von Szenen, die sich in Ills Laden abspielen, den langsamen Gesinnungswandel der Güllener, macht sinnfällig, wie sie zunehmend durch das Kapital der Zachanassian korrumpiert werden. Allerdings sind ihr Handlungsspielraum und ihre Entscheidungsfreiheit auf ein Minimum eingeschränkt, da Claire schon vorher sämtliche Industrien und Ländereien im Umfeld der Stadt aufgekauft hat. Mit den Veränderungen der Güllener einher geht ein Mentalitätswechsel Ills. Im ersten Akt noch als heruntergekommene Existenz exponiert, als Figur, die glaubt, Claire »im Sack« zu haben, begreift Ill langsam, dass die Güllener seinen Tod kapitalisieren wollen. Zwar versucht er, sein Schicksal noch einmal zu wenden, allerdings werden seine Hoffnungen zunichtegemacht. Sein Fluchtversuch scheitert.

Der mit der Ankunft Claires inszenierte Kulissenschwindel der Güllener wird im zweiten Akt gänzlich offenbar. Bekunden diese zu Beginn noch ihre Verbundenheit mit Ill, so zeigt doch der Verlauf des Aktes, wie scheinheilig ihre Komplimente und hohl ihre Versprechungen sind. Trotz gegenteiliger Beteuerungen halten die Güllener Ill am Schluss des Aktes fest. Die Jagd auf ihn hat ein Ende gefunden. Das Opferritual kann beginnen.

Im dritten Akt werden die um Ill und die Güllener zentrierten Handlungsstränge wieder zusammengeführt. In ihm wird Gerichtstag gehalten; in ihm erfolgen die Verurteilung und Exekution Ills. Doch das Gericht, die Gemeindeversammlung, also die Institution, die für Gerechtigkeit bürgen soll, ist nichts anderes als eine Agentur von Verlogenheit, Geldgier und Skrupellosigkeit. Schon der Beginn des Aktes zeigt die Umwertung aller Werte. Manifest wird diese in der veränderten Einstellung der Güllener gegenüber Ill. Auch oder gerade dort, wo die alten moralischen Werte wie Humanität vom Lehrer »expressis verbis« zitiert werden, bezeugen sie deren Pervertierung. Doch noch zögern die Güllener, das schmutzige Werk selbst zu verrichten. Der Bürgermeister versucht Ill zum Selbstmord zu überreden, indes ohne Erfolg.

Der Schlusschor – eine Parodie auf das berühmte Standlied des Chores in der »Antigone« des Sophokles – souffliert das Ende des Stückes, den neu gewonnenen Wohlstand der Güllener. Das Preislied des antiken Tragödiendichters auf die Unbegreiflichkeit, die Ungeheuerlichkeit des Menschen, auf seine enormen Fähigkeiten und Leistungen wird hier zum Abgesang auf seine Integrität. Nachgerade ist hier der Mensch zum Ungeheuer geworden, der, um zum Wohlstand zu gelangen, vor Mord nicht zurückschreckt. In diesem Welt-Happy-End ist alles brüchig. Zwar erstrahlt die Stadt im neuen Glanz, doch hinter den glänzenden Fassaden ist alles marode. Die Gesetze des Konsums haben die Menschen des Ortes korrumpiert. Die Katharsis der antiken Tragödie, »die voraussetzt, daß die Gemeinschaft ein Recht habe, in einen feierlichen Chor auszubrechen« (T, S. 140), findet hier eben nicht statt.

Dialogführung

Konstitutiv für die Erarbeitung der Handlung und des Problems des Stückes ist die Erschließung der sprachlichen und szenischen Realisierung dialogischer Redeformen. Aufs Ganze gesehen lassen sich drei Realisierungsvarianten der Dialogführung unterscheiden:

1. das Mit- und Nebeneinandersprechen,
2. die dialektische Dialogführung,
3. das Aneinandervorbeireden der Figuren.

Zu 1: Das Mit- und Nebeneinandersprechen ist die Redeform, die vor allem die Sprechweisen der Güllener als Kollektiv kennzeichnet. Schon zu Beginn des Dramas, in der Bahnhofsszene, wird chorisch mit verteilten Rollen gesprochen:

Der Erste Die »Gudrun«, Hamburg–Neapel.
Der Zweite Um elfuhrsiebenundzwanzig kommt der »Rasende Roland«, Venedig–Stockholm.
Der Dritte Das einzige Vergnügen, das wir noch haben: Zügen nachschauen.
Der Vierte Vor fünf Jahren hielten die »Gudrun« und der »Rasende Roland« in Güllen. Dazu noch der »Diplomat« und die »Lorelei«, alles Expreßzüge von Bedeutung.
Der Erste Von Weltbedeutung. (T, S. 13 f.)

Dieser Dialogtypus zielt vorgeblich auf Harmonisierung, Stimmigkeit und Konsensbildung. Die Gesamtaussage resultiert aus elliptischen Sprachpartikeln und kurzen Satzfragmenten, die assoziativ in parataktischer Form aneinandergereiht werden, ohne dass damit etwas bewegt wird. Ein solches Sprechen ist monologisch. Nur äußerlich gleicht diese lakonische, asyndetische Form indes der Dialogführung der Stichomythie im antiken Drama, die wie ein Florettgefecht Schlag auf Schlag einer Klärung der Standpunkte dient und bewegt-bewegend die Lösung des Problems intendiert: Die uniforme Sprechform der Güllener hingegen findet ihren gemäßen Ausdruck in litaneihafter Rede und rituellem Vollzug. Ihren Gipfelpunkt erreicht solches Reden im hymnischen Sprechen der beiden Schlusschöre, die – einstimmig – den neuen Wohlstand preisen.

Zu 2: Die konventionelle Form der Dialogführung, wie man sie aus bestimmten Partien des klassischen Theaters kennt, nämlich im Zu- und Gegeneinandersprechen den jeweiligen Gesprächspartner von seinem Standpunkt zu überzeugen, wird im Stück kaum genutzt, allenfalls in Passagen des zweiten Aktes. »Wenn ich rede«, so sagt Ill im Gespräch mit dem Bürgermeister, »habe ich noch eine Chance, davonzukommen« (T, S. 71). Doch seine Versuche, sich selbst zu behaupten, um zu überleben, finden nicht den von ihm gewünschten Widerhall. Die Güllener, hier vertreten durch den Polizisten, den Bürgermeister und den Pfarrer, sagen nicht, was sie denken. Gerade in diesen Gesprächen bleibt es häufig beim Appell. Ob Ill nun auf die Bigotterie des Pfarrers oder den amtlichen Gestus des Polizisten trifft, diese zerreden seine Argumentation und sein Anliegen im Sprachspiel juristischer oder theologischer Kasuistik. Sie ermöglicht es ihnen, »sich hinter der Uniformiertheit zurückzuziehen. Das System funktioniert, weil keine Kongruenz von Zeichen und Bedeutung existiert: Das Kapital hat die Sprache mit einem universalen Nominalismus infiziert. Von Beginn an wird die Rhetorik in den Dienst am Zweck gestellt.« (Frizen 1998, S. 77)

Zu 3: Die dritte Variante der Dialogführung, die Form des Aneinandervorbeiredens, wird vor allem sinnfällig in den Passagen, in denen sich Claire mit den Güllenern unterhält. Derweil sie in ihren Reden gezielt das anspricht, was sie gemeinsam mit den Güllenern in die Tat umsetzen wird, verstehen diese sie nicht und wenden sich irritiert ab:

Claire Zachanassian Ei, der Pastor. Pflegen Sie Sterbende zu trösten?
Der Pfarrer *(verwundert)* Ich gebe mir Mühe.
Claire Zachanassian Auch solche, die zum Tode verurteilt wurden?
Der Pfarrer *(verwirrt)* Die Todesstrafe ist in unserem Lande abgeschafft, gnädige Frau.
Claire Zachanassian Man wird sie vielleicht wieder einführen. (T, S. 29)

Immer wieder ist in der Forschung die reduzierte Sprachverwendung der Zachanassian betont worden, ihr Reden in schneidigen Lakonismen, Imperativen,

Abbreviaturen. In der Tat, diese entbehrt des rhetorischen Schmuckes, nachgerade jeglicher persuasiven Strategie. Claire bedarf nicht der Macht des Wortes, weil sie selbst die Macht des Kapitals repräsentiert. Und diese Macht ist geduldig: »Ich warte.« (T, S. 50)

Die Reden: Sprach- und Ideologiekritik

An exponierter Stelle des Stückes stehen zwei Reden. Am Ende des ersten Aktes hält der Bürgermeister als Vertreter der kommunalen Politik eine Fest- bzw. Lobrede auf die heimgekehrte Claire; im dritten Akt spricht der Lehrer in der Gemeindeversammlung im »Goldenen Apostel« in Anwesenheit der Presse zu den Güllenern. Beide Reden sind Dokumente der ideologischen Verfälschung und Verschleierung; ihnen liegen durchsichtige materielle Interessen zugrunde.

In dem für Claire arrangierten Festakt beklagt der Bürgermeister vor den Honoratioren der Stadt den wirtschaftlichen Niedergang Güllens, zugleich verklärt er die Herkunft und Lebensgeschichte von Claire. Übertreibungen und Beschönigungen, Entstellungen und Verdrehungen kennzeichnen seine Rede. So wird er nicht müde, vor den Augen des Publikums, vermittelt durch euphemistische und klischeehafte Sprachverwendung, Bilder einer idyllischen Kindheit Claires entstehen zu lassen, an ein naturverbundenes und hilfsbereites Mädchen voll von Gerechtigkeitsliebe und Mitgefühl zu erinnern. Damit trifft er die Erwartungen des Publikums, das seine Rede als Appell an die Milliardärin versteht, nun der Stadt und ihren Einwohnern die materielle Hilfe zukommen zu lassen, die sie so dringend benötigen. Dass dieses Bild der Herkunft und Lebensgeschichte Claires geklittert und geschönt ist, weiß der Zuschauer schon. Wie es in Wirklichkeit um ihre Kindheit bestellt war, bringt Claire – der erste Akt der Desillusionierung der Güllener – in ihrer Replik auf die Rede des Bürgermeisters mit drastischen Worten zur Sprache: »[…] in der Schule wurde ich geprügelt, und die Kartoffeln für die Witwe Boll habe ich gestohlen, gemeinsam mit Ill, nicht um die alte Kupplerin vor dem Hungertode zu bewahren, sondern um mit Ill einmal in einem Bett zu liegen, wo es bequemer war als im Konradsweilerwald und in der Peterschen Scheune.« (T, S. 44)

Gibt sich der Bürgermeister in seiner apologetischen Rede politisch-pragmatisch, um Claire als Wohltäterin für die Stadt zu gewinnen, nimmt der Lehrer diese von vornherein als Bedrohung wahr (vgl. T, S. 34). Er ist zunächst der Einzige, der den Mut findet, sein Schweigen zu brechen und den Güllenern im Laden Ills die Wahrheit zu verkündigen. Doch durch die Art seines Auftritts in dieser Situation ist er von Beginn an kompromittiert. Er ist betrunken, wird von den Anwesenden nicht ernst genommen und schließlich auch daran gehindert weiterzureden. Zuletzt ist es Ill selbst, der ihn auffordert zu schweigen. Wie schon bei seinen Auftritten im ersten Akt ist es auch hier die Verwendung einer depravierten Bildungssprache, die ihn charakterisiert. Das Pathos seiner Reden ist nur Fassade und schöner Schein, soll nur seinen schwachen Charakter kaschieren. Die von ihm verwendeten Floskeln und Versatzstücke aus der klassischen Bildungswelt wirken verlogen und lächerlich.

Ihren Gipfelpunkt erreicht die Sprach- und Ideologiekritik Dürrenmatts dort, wo der Lehrer im Rückgriff auf humanistische Werte versucht, die Tötung Ills zu rechtfertigen. Vorgeblich geht es in seiner Rede, die er im Rahmen der Gemeindeversammlung hält, um die Wiederherstellung von Gerechtigkeit. In dieser Hinsicht tritt er als Anwalt von Claire Zachanassian auf, der er unterstellt, sie wolle Güllen in ein gerechtes Gemeinwesen verwandeln. Dabei bemüht er in perfider Weise die Leitbegriffe der humanistisch-christlichen Bildungstradition, wie z. B. Freiheit, Gerechtigkeit, Nächstenliebe und Gnade, um seiner Rede Wucht und Wirkung zu verleihen. »Die Rede realisiert ein Kabinettstück jener Rhetorik, die in Sonntagsreden, die nur scheinbar harmlos sind, und in Reden zur Rechtfertigung politischer Untaten angewendet zu werden pflegt. Die suggestiven Fragen an die Bürger, die sie überzeugen sollen, jedes Unrecht als Erfüllung der eigentlichen Ideale zu rechtfertigen, erinnert deutlich an Goebbelsreden, und eben da öffnet sich der zeitgenössische Bezug unübersehbar.« (Knopf 1996, S. 81) Die Berührungspunkte zur faschistischen Rhetorik werden vor allem dort sinnfällig, wo der formelhafte Bildungsjargon buchstäblich ernst genommen wird, in die Androhung von blutiger Gewalt umschlägt. Wie sehr sich der Rektor des Güllener Gymnasium in der klassischen Rhetorik auskennt und wie arglistig er sie instrumentalisiert, zeigt die sprachlich-rhetorische Gestaltung seiner Rede. Mit rhetorischen und suggestiven Fragen, mit Anreden und Appellen zielt er auf rasche Zustimmung des Publikums. Die Parallelismen und anaphorischen Reihungen, die vielen Wiederholungen und Alliterationen sollen seiner Rede Profil und Pathos, Dringlichkeit und Durchsetzungskraft geben. Wortreich wird mit allen rhetorischen Finessen Moral gepredigt, aber unterschwellig zum bösen Handeln aufgerufen. Dabei scheut sich der Lehrer nicht, die eigentlichen Beweggründe für seine Rede, nämlich den Wohlstand mit Mord erkaufen zu wollen, antithetisch in seine Argumentation aufzunehmen, doch weiß er diese Gegenposition am Schluss seiner Rede in sophistischer Manier mit der Forderung nach Gerechtigkeit zu verknüpfen: »Nur wenn ihr das Böse nicht aushaltet, nur wenn ihr unter keinen Umständen in einer Welt der Ungerechtigkeit mehr leben könnt, dürft ihr die Milliarde der Frau Zachanassian annehmen und die Bedingung erfüllen, die mit dieser Stiftung verbunden ist.« (T, S. 122)

Die Rede des Lehrers zeigt ihre Wirkung paradoxerweise dadurch, dass sie missverstanden wird. Der anwesende Reporter erkennt nicht die Verschleierungstaktik des Redners, nimmt nur die Oberfläche der Rede wahr, nicht ihre eigentliche Intention, dass es hier um die ideologische Absicherung des Mordkomplottes gegen Ill geht. Grotesk ist der abschließende Kommentar des Reporters: »Die Rede des Rektors bewies eine sittliche Größe, wie wir sie heute – leider – nicht mehr allzu oft finden.« (T, S. 122)

Gerechtigkeit

Ein bedeutendes Element in den Romanen, Dramen und Essays von Friedrich Dürrenmatt ist von Beginn an das Motiv der Gerechtigkeit. Damit stellt er sich in eine große literarische Tradition, die vor allem in der deutschen Literaturgeschichte von Heinrich von Kleist im 19. und von Franz Kafka im 20. Jahrhundert aufgegriffen, fortgeschrieben und problematisiert wurde. Vor allem im »Besuch der alten Dame« spielt dieses Motiv eine eminente Rolle. Hier wird der Leser/Zuschauer mit einer Vielfalt von Fragen konfrontiert, die allesamt um das Problem der Gerechtigkeit kreisen: Welche Auffassung von Gerechtigkeit hat die Hauptfigur Claire Zachanassian? Wie sieht sie das Verhältnis von Recht und Gerechtigkeit? Wie lässt sich Gerechtigkeit in Güllen realisieren? Wie werden im Stück die Beziehungen von Schuld, Gerechtigkeit und Sühne gedeutet?

Die Pointe des Stückes besteht darin, dass hier zwar immer wieder Gerechtigkeit wortreich beschworen, dass jedoch die Rechtsgüter, die die Bedingungen ihrer Möglichkeit darstellen, ständig dementiert bzw. korrumpiert werden. Dort, wo Gerechtigkeit eingefordert wird, fehlen die institutionellen Voraussetzungen und Organe der Obrigkeit, die sie auf ihre Rechtmäßigkeit prüfen und durchsetzen können. So werden zwar die Güllener als soziales Kollektiv durch den Bürgermeister, Pfarrer und Lehrer repräsentiert, aber nicht durch einen Juristen. Der einzige Jurist im Stück, der ehemalige Oberrichter von Güllen und Richter des Appellgerichts in Kaffigen, steht längst im Solde Claires. Für diese ist Gerechtigkeit nichts anderes als eine fungible Ware, die man kaufen kann: »Ich gebe euch eine Milliarde und kaufe mir dafür die Gerechtigkeit.« (T, S. 45). Der Zweck soll hier die Mittel heiligen. Dabei bleibt offen, welche Motive Claire dazu bewegen, Gerechtigkeit einzufordern: Will sie moralische Genugtuung oder ist es einfach das Bedürfnis nach Rache und Vergeltung, das sie antreibt? Dass sie als Unschuldige gedemütigt und verfolgt wurde, rechtfertigt nicht ihr Vorgehen, die Güllener mit ihrem Kapital zum Mord – jenseits der Prinzipien Legalität, Moralität und Fairness – anzustiften. Ihr Versuch, Blutrache zu üben, ist unverhältnismäßig.

Vor diesem Hintergrund ist es nur konsequent, wenn Dürrenmatt in seinen Anmerkungen zum Stück davor warnt, Claire als Repräsentantin der Gerechtigkeit in ihrem traditionellen allegorischen Verständnis zu deuten. Für ihn ist sie einfach »die reichste Frau der Welt, durch ihr Vermögen in der Lage, wie eine Heldin der griechischen Tragödie zu handeln, absolut, grausam, wie Medea etwa. Sie kann es sich leisten.« (T, S. 142)

Etwas anders gelagert ist der Fall Ill. Er ist schuldig an Claire geworden, hat aber diese Schuld verdrängt. Mit Claires Ankunft holt ihn diese ein. Am Ende bekennt er sich zu ihr, ist zur Sühne seines Fehlverhaltens bereit. Für Dürrenmatt ist er ein »gedankenloses

Mannsbild, ein einfacher Mann, dem langsam etwas aufgeht, durch Furcht, durch Entsetzen, etwas höchst Persönliches; an sich erlebt er die Gerechtigkeit, weil er seine Schuld erkennt, er wird groß durch sein Sterben (sein Tod ermangle nicht einer gewissen Monumentalität)« (T, S. 143).

Katalysatoren für solche Wandlung sind – unbeabsichtigt – die Güllener, die selbst keine Wandlung durchlaufen. Für sie ist Gerechtigkeit nur ein abstrakter Wert, verwurzelt, so der Bürgermeister, im christlichen Europa. Dessen an den Rütlischwur erinnernde Appell an die Güllener, um der Verwirklichung der reinen Gerechtigkeit willen die Hand zu heben (vgl. T, S. 124), der sogleich von diesen auch in die Tat umgesetzt wird, widerlegt sich selbst. Wie hohl die Vorstellungen der Güllener von Gerechtigkeit sind, zeigt die Praxis: Claire gibt Geld, um für sich Gerechtigkeit zu erlangen, sie nutzen dies als Rechtfertigung ihres verbrecherischen Handelns und als Mittel, »guten Gewissens reich zu werden« (Eisenbeis 2007, S. 60). So wird von ihnen der Mord an Ill paradoxerweise als Erfüllung der Gerechtigkeit verklärt: »Würde der Mord nicht ausgeführt, so die perverse Argumentation, dann mache sich die Gesellschaft gerade der Unterlassung schuldig, die die Gerechtigkeit mit Füßen träte.« (Knopf 1996, S. 81) Am Ende sind nicht die Täter, sondern das Opfer schuld.

Komik und Groteske

Die durch die Verwendung des Oxymorons im Untertitel des Dramas evozierte Paradoxie zeigt dem Leser, dass der Autor sein Stück nicht unter einen bestimmten Gattungstypus subsumiert. Das Drama Dürrenmatts ist weder eine Komödie noch eine Tragödie im üblichen Sinne poetologischer Konventionen. Dies bestätigen der Handlungsverlauf und das Ende des Dramas, darüber hinaus dessen sprachlich-stilistische Gestaltung. Gegen die Kennzeichnung des Textes als Komödie spricht der tragische Ausgang, die Ermordung Ills, auch wenn diese den Güllenern den lang ersehnten Wohlstand bringt. Auch die Bestimmung des Stückes als Tragödie verbietet sich, weil dieses eine Vielzahl an komischen Momenten und Stilzügen aufweist. Kennzeichnend für das Drama ist eine Art poetischer Synkretismus, eine heterogene Mischung komischer und tragischer Momente, die Dürrenmatt häufig mit der Kategorie des Grotesken begrifflich zentriert hat. Im ersten Teil des Stückes überwiegen komische Phänomene, Spielarten der Sprach-, Figuren- und Situationskomik. Schon die plötzliche Ankunft Claires mit ihrem Gefolge ist merkwürdig, wirkt monströs auf Leser bzw. Zuschauer. Das Erscheinungsbild der alten Dame ist fürchterlich und erheiternd zugleich, wird von Dürrenmatt explizit als grotesk bezeichnet. Auch die Begrüßung Claires wirkt slapstickartig. Auf deren überraschendes Erscheinen sind die Güllener nicht vorbereitet. Die Geräuschkulisse der vorbeifahrenden Züge übertönt die Rede des Bürgermeisters und den Vortrag des gemischten Chors. Komisch-groteske Züge zeigt auch die erste Szene im Konradsweilerwald: Die simulierte Natur desillusioniert von vornherein die Begegnung des alten Liebespaars. Auf die Spitze getrieben wird die groteske Verfremdung, wenn der heuchlerische Ill Claire kumpaneihaft auf die Schenkel schlägt und anschließend ihre Hand küsst, die nichts anderes als Prothesen sind.

Travestie der antiken Tragödie

Die Rezeption des Dramas gewinnt ihr besonderes ästhetisches Profil durch die Anlehnung des Autors an Elemente der antiken Tragödie und deren gleichzeitige Verfremdung. In seiner Makrostruktur ist das Stück, namentlich der erste Akt, dem Strukturtypus des analytischen Dramas verpflichtet, wie er vor allem im »König Ödipus« von Sophokles ausgebildet ist. Ähnlich wie beim antiken Prototypen ist das eigentliche Unglück schon vor Dramenbeginn geschehen. Schritt für Schritt wird im ersten Akt die Vorgeschichte der Claire Zachanassian, ehemals Klara Wäscher, aufgerollt und enthüllt, wie Ill in diese involviert ist. Eine Eigenheit des Stückes besteht sicherlich in der produktiven Wiederaufnahme des Chors aus der antiken Tragödie. Sein intertextueller Referenzpunkt ist – schon der erste Vers macht es deutlich – das berühmte Standlied aus der »Antigone« des Sophokles. Von ihm übernimmt Dürrenmatt die Form, Vers, Rhythmus und die hohe Sprache, doch unterlegt er seinem Chorgesang einen völlig anderen Inhalt. Während das Chorlied aus der »Antigone« ein Preislied auf die Fähigkeiten und Größe des Menschen ist, der in der Lage ist, sich die Natur untertan zu machen und sie produktiv für sich zu nutzen, pervertiert Dürrenmatt mit dem doppelten Chorgesang der Güllener dessen Aussage und Intentionalität. Ungeheuerlich sind für sie nicht der Mensch, sondern die Elemente der Natur, die willkürlich walten und dem Menschen Unheil bringen. Ihren Zufällen ist der Mensch genauso ausgeliefert wie dem, was er selbst »naturwüchsig« erzeugt und entfesselt hat: den Krieg und den Tod durch den »Atompilz«. Noch ungeheuerlicher als dieses apokalyptische Szenarium ist aber für die Güllener, hier gerät das Preislied zur Satire, die Armut, die nun – durch die »Wohltäterin« (T, S. 134) Claire Zachanassian – restlos beseitigt wurde. So werden sie nicht müde, die Segnungen des neuen Wirtschaftswunders litaneihaft in einer Art Apotheose zu verherrlichen.

Die Dramentheorie Dürrenmatts

Leitend für die dramentheoretischen Überlegungen Dürrenmatts ist die Frage, ob sich die Wirklichkeit, und das ist seine Erfahrungswelt in den Fünfzigerjahren, noch mit den konventionellen Mitteln des Theaters darstellen lässt. Zentraler Referenzpunkt ist für ihn dabei die Dramatik Friedrich Schillers. Im Kontrast zu dessen Tragödien, den historischen Staatsaktionen, entwickelt Dürrenmatt seine Vorstellungen vom Theater, die der Komödie einen besonderen Stellenwert verleihen. »Schiller schrieb so, wie er schrieb, weil die Welt, in der er lebte, sich noch in der Welt, die er schrieb, die er sich als Historiker erschuf, spiegeln konnte. Gerade noch. War doch Napoleon vielleicht der letzte Held im alten Sinne. Die heutige Welt, wie sie uns erscheint, läßt sich dagegen schwerlich in der Form des geschichtlichen Dramas Schillers bewältigen, allein aus dem Grunde, weil wir keine tragischen Helden, sondern nur Tragödien vorfinden, die von Weltmetzgern inszeniert und von Hackmaschinen ausgeführt werden. Aus Hitler und Stalin lassen sich keine Wallensteine mehr machen. Ihre Macht ist so riesenhaft, dass sie selber nur noch zufällige, äußere Ausdrucksformen dieser Macht sind, beliebig zu ersetzen, und das Unglück, das man besonders mit dem ersten und ziemlich mit dem zweiten verbindet, ist zu weit verzweigt, zu verworren, zu grausam, zu mechanisch geworden und oft einfach auch allzu sinnlos. Die Macht Wallensteins ist eine noch sichtbare Macht, die heutige Macht ist nur zum kleinsten Teil sichtbar, wie bei einem Eisberg ist der größte Teil im Gesichtslosen, Abstrakten versunken. Das Drama Schillers setzt eine sichtbare Welt voraus, die echte Staatsaktion, wie ja auch die griechische Tragödie. Sichtbar in der Kunst ist das Überschaubare. Der heutige Staat ist jedoch unüberschaubar, anonym, bürokratisch geworden [...]. Die echten Repräsentanten fehlen, und die tragischen Helden sind ohne Namen. Mit einem kleinen Schieber, mit einem Kanzlisten, mit einem Polizisten lässt sich die heutige Welt besser wiedergeben als mit einem Bundesrat, als mit einem Bundeskanzler.« (Friedrich Dürrenmatt: Theater. Copyright © 1986 Diogenes Verlag AG Zürich. S. 56–60)

Die kritischen Anmerkungen Dürrenmatts machen deutlich: Die sich permanent verändernde Wirklichkeit bedarf einer neuen dramatischen Form. Der Versuch, moderne Verhältnisse mit den Modellen der idealistischen Dramatik im Sinne Schillers darzustellen, ist, das hat Dürrenmatt immer wieder betont, anachronistisch. Angesichts einer komplexen, unüberschaubar gewordenen Welt sei die Tragödie mit ihren tragischen Helden und Situationen obsolet geworden. Möglichkeiten, in der »Wurstelei des Jahrhunderts« (ebd. S. 62) frei zu entscheiden, überhaupt autonom zu handeln, seien den Figuren genommen. »Der Mensch versteht nicht, was gespielt wird, er kommt sich als Spielball der Mächte vor, das Weltgeschehen erscheint ihm zu gewaltig, als dass er noch mitbestimmen könnte; was gesagt wird, ist ihm fremd, die Welt ist ihm fremd.« (ebd. S. 63) Angesichts dieser Verhältnisse ist Dürrenmatts dramentheoretisches Fazit klar: Der Welt als Labyrinth, als absurdes Panoptikum kommt nur die Komödie bzw. die Groteske mit ihren Widersprüchen und Paradoxien, skurrilen Einfällen und fantastischen Ideen bei, die »in die Welt wie Geschosse [fallen], die, indem sie einen Trichter aufwerfen, die Gegenwart ins Komische, aber dadurch auch ins Sichtbare verwandeln« (ebd. S. 62). Dies trifft vor allem auf den »Besuch der alten Dame« zu. In diesem Stück bringt Dürrenmatt mit seinem Einfall die Wirklichkeit zur Erscheinung. Mit der Ankunft Claires wird die vorgebliche Ordnung Güllens aufgebrochen. Die Rückkehr der alten Dame ist nicht nur die Geschichte zum Stück, sondern buchstäblich ein Ein-Fall, durch den die Wirklichkeit der Güllener verändert, »ins Groteske gehoben« (Friedrich Dürrenmatt: Theater-Schriften und Reden, S. 135) wird. Durchaus im Sinne Brechts werden die entfremdeten Verhältnisse in der Stadt durch komische und groteske Verfremdung transparent, nicht allerdings darum, weil Dürrenmatt wie Brecht die Hoffnung hegt, mit der Komödie auch praktische Impulse für die Veränderung der Verhältnisse zu geben, sondern in der Absicht, »dem Zuschauer das Geschehen bewusst zu machen, ihn vor das Geschehen zu stellen.« (Friedrich Dürrenmatt: Die Wiedertäufer. Eine Komödie, S. 133). Katalysator eines solchen Verfremdungs- und Distanzierungsprozesses ist das Bestreben des Autors, die Handlung des Stückes zur schlimmstmöglichen Wendung zu führen. So gerät die zynische Schlussszene im »Besuch der alten Dame« zur Schmierenkomödie, in der alle Werte pervertiert scheinen. Diese lässt auch das tragische Ende Ills, dessen Tod das Verhalten der Güllener nur befestigt, sinnlos erscheinen.

Voraussetzungen und Ziele

Der Text Dürrenmatts bietet einerseits Möglichkeiten, der Obligatorik der Lehrpläne, vor allem den Kompetenzerwartungen in den Lernbereichen »Sprechen und Hören«, »Schreiben«, »Lesen – Umgang mit Texten und Medien« und »Sprachreflexion« Rechnung zu tragen. Zum anderen schafft er auch, obwohl er in den Fünfzigerjahren des letzten Jahrhunderts verfasst wurde, mannigfaltige Anreize für die Schüler(innen), aktuelle Probleme der eigenen Lebenswelt bewusster zu erfahren, szenische Formen ihrer Aufarbeitung kennenzulernen, zu analysieren und kritisch zu beurteilen.

In den Lehrplänen der verschiedenen Bundesländer wird vielfach gefordert, die kulturellen Kompetenzen der Schüler(innen) zu entwickeln, d.h. sie zur Teilnahme am kulturellen Leben zu befähigen. Dazu gehört, dass sie einerseits unterschiedliche Texte, Tendenzen und ästhetische Konzepte der Dramenliteratur von der Antike bis zur Gegenwart kennenlernen, andererseits aber in die Lage versetzt werden, diese in ihren Strukturen, unterschiedlichen medialen Formen und Funktionen zu erschließen, damit sie sich kritisch mit ihnen auseinandersetzen können. Dafür bietet das Drama von Dürrenmatt ein geeignetes Betätigungsfeld. In der analysierenden, interpretierenden und gestaltenden Beschäftigung mit ihm gewinnen die Schüler(innen) nicht nur einen Zugang zu wirkungsmächtigen Themen und Problemen, wie sie in der Geschichte des Dramas reflektiert werden, sondern auch Voraussetzungen für eine angemessene ästhetische Rezeption der jeweils gewählten szenischen und sprachlichen Gestaltungsweisen, ihrer Funktionen und Wirkungen im Theater.

In zunehmendem Maße werden im Literaturunterricht Texte unter thematischen Gesichtspunkten behandelt. Dieses Verfahren schließt keineswegs, wie häufig kritisch angemerkt worden ist, historische und ästhetische Fragestellungen aus, sondern schafft ihnen gerade günstige didaktische Orte, von denen aus die Lebenswelt der Schüler(innen) in erreichbare Nähe rückt. Durch die thematische Orientierung des Literaturunterrichts stoßen poetische Texte – das ist ein Erfahrungswert – bei den Schüler(inne)n auf ein hohes Maß an Akzeptanz. Im Rahmen des hier vorgestellten Unterrichtsmodells ist die Beantwortung der Frage von Interesse, wie bestimmte Themen, Motive und Ideen im Drama von Dürrenmatt literarisch verarbeitet worden sind. Zentrale Themen seines Stückes sind z.B. Schuld, Gerechtigkeit, Verantwortung, Tod. Damit verbunden sind aber auch Kommunikationsprobleme, nachgerade Schwierigkeiten einzelner Figuren, einander richtig zu verstehen, Sein und Schein in Gesprächen zu unterscheiden, Motive und Ziele von Dialogpartnern zu erkennen. In der Auseinandersetzung mit den hier entwickelten szenischen Modellen kommunikativen Handelns finden sich die Schüler(innen) mit ihren eigenen Gesprächs- und Diskurserfahrungen wieder. In den Dialogen der Figuren nehmen sie unterschiedliche Motive und Absichten, spezifische Lebensansichten und Lebensgefühle, Rollenbilder und konkurrierende Werthaltungen wahr, die ihnen Optionen anbieten, eigene Bedürfnisse und Normenerfahrungen kennenzulernen, zu begreifen und zu reflektieren.

Poetologische Überlegungen, d.h. die Beschäftigung mit den Strukturen und der Verwendung unterschiedlicher Text- und Schreibformen, werden in den Lehrplänen gefordert und haben nach wie vor einen hohen Stellenwert in der Unterrichtspraxis. Auch für Erkenntnisinteressen und Lernarrangements in dieser Richtung bietet das Drama Dürrenmatts mannigfaltige Bezugspunkte, die im Unterricht sinnvoll miteinander verknüpft werden können.

Das folgende Unterrichtsmodell wird an die Kenntnisse und Fähigkeiten anknüpfen, die von den Schüler(inne)n im Verlauf der Sekundarstufe I erworben wurden und die den Anforderungen der zentralen Prüfungen am Ende der 10. Jahrgangsstufe genügen müssen. Dazu gehören neben den elementaren Verstehens-, Ausdrucks-, Schreib- und Kommunikationsfähigkeiten grundlegende Kenntnisse und Kompetenzen im Umgang mit dramatischen Texten. »Sie verstehen und erschließen dramatische Texte«, so postuliert z.B. der Kernlehrplan Deutsch in Nordrhein-Westfalen, »unter Berücksichtigung struktureller, sprachlicher und inhaltlicher Merkmale.« Das setzt voraus, dass sie Kenntnisse über zentrale Kategorien der Dramentheorie wie z.B. Handlung, Raum, Zeit, Figuren und

Konflikte besitzen und in der Lage sind, diese für die Erschließung dramatischer Texte durch Analyse und Interpretation zu nutzen. Darüber hinaus sollten sie unterschiedliche szenische und sprachliche Gestaltungsmittel wie etwa Monolog und Dialog in ihren spezifischen Funktions- und Wirkungszusammenhängen und bühnentechnische Möglichkeiten der theatralen Umsetzung von Dramen-Partituren kennen.

Die Auseinandersetzung mit Dürrenmatts Stück wird auf diese Kenntnisse und Fähigkeiten rekurrieren, diese aber auch zugleich – im Sinne kumulativen Lernens – zu differenzieren und zu vertiefen suchen. Nach wie vor wird es darum gehen, den Schüler(inne)n ein Instrumentarium an Arbeitsbegriffen und Methoden für die Analyse und Deutung von Dramen, darüber hinaus aber auch Kompetenzen zur Beschreibung und Beurteilung von theatralen und filmischen Realisierungen zu vermitteln.

Die Auseinandersetzung mit dem Stück im Unterricht ermöglicht auf vielen Ebenen selbstständiges Arbeiten der Schüler(innen). Dieses kann sich in dem vorgestellten Unterrichtsmodell im Verfassen von zusammenhängenden Analysen, Interpretationen bzw. in der vergleichenden Untersuchung von Texten, aber auch in intervenierenden und ergänzenden Schreibprozessen, etwa im Erstellen eigener Varianten zu den szenischen Angeboten, realisieren. Erweitert und variiert werden diese Verfahrensweisen durch handlungsorientierte Zugänge, etwa durch Formen des szenischen Interpretierens. Diese sollen aufseiten der Schüler(inne)n Empathie und Reflexion fördern, ihnen Gelegenheit geben, die Rollen von engagierten Mitspielern und überlegten Beobachtern zu spielen.

Didaktische Realisierung

Die folgenden Ausführungen orientieren sich an Schülerinteressen, curricularen Vorgaben und konkreten Zielen von Lehrer(inne)n, die das Drama »Der Besuch der alten Dame« in den Jahrgangsstufen 10 bis 13 behandeln wollen. Detailliert dargestellt wird eine Unterrichtsreihe, die insgesamt 14 Module enthält. Diese kann je nach Erkenntnisinteressen und/oder Zielsetzungen modifiziert oder gekürzt werden. Verschiedene Möglichkeiten dazu werden aufgezeigt. Geplant ist eine Unterrichtsreihe mit verzögertem Lesen, die in erster Linie für Klassen/Kurse gedacht ist, die noch wenig Erfahrung in der Dramenbehandlung haben. Sie verfolgt den Zweck, Schüler(innen) mit unterschiedlichen Verfahren einer Dramenerschließung vertraut zu machen und sie schrittweise zu größerer Selbstständigkeit zu führen.

Bei der folgenden detaillierten Planung wird davon ausgegangen, dass die Lehrerin/der Lehrer bei dem bereits früher erfolgten Entscheidungsprozess für diese Lektüre noch nichts über deren Inhalt gesagt hat. Sie/er beschränkt sich darauf, den Autor und Titel des Dramas zu nennen, das im Kanon der Schullektüren einen festen Platz einnimmt oder sogar als verbindlicher Text für das Zentralabitur behandelt werden muss. Folgt die Klasse/der Kurs diesem Vorschlag, so kann die Aufforderung, auf weitere Informationen und eigene Recherchen zu verzichten, mit dem Hinweis begründet werden, dass so ein unbefangener Einstieg in das Drama möglich sei. Denkbar ist natürlich auch, dass die Schüler(innen) bei dem zu Beginn des Schulhalbjahres stattgefundenen Entscheidungsprozess für die vorgesehene(n) Lektüre(n) bereits eine Information über den »Besuch der alten Dame« erhalten haben, sodass inhaltliche Grundzüge des Dramas den Schüler(inne)n vertraut sind.

Abfrage von Vorkenntnissen und Lektüremodus

Bevor die Schüler(innen) den Text lesen, sind die individuellen Lernvoraussetzungen, d.h. ihre Kenntnisse im Hinblick auf die Textform des Dramas und den zeitgeschichtlichen Hintergrund des Stückes zu klären. Das kann in Form eines einfachen Fragebogens (vgl. Arbeitsblatt 1, S. 20) geleistet werden:

Zwei Lektüremodi bieten sich für die Erschließung des Dramas an: die ganzheitliche häusliche Lektüre oder das verzögerte Lesen. Der erste Lektüremodus bedarf kaum der Erörterung, da er seit vielen Jahren praktiziert wird. Da das Stück verständlich, spannend und anschaulich geschrieben ist, dürfte es den Schüler(inne)n wohl kaum Schwierigkeiten bereiten, es vollständig zu Hause, vielleicht sogar in einem Zuge zu lesen. Danach sollte ihnen Gelegenheit gegeben werden, ihre Lektüreerfahrungen zu äußern und diese in Form eines Klappentextes zu bündeln (M, S. 22). Um mit ihnen ein sinnvolles Planungsgespräch über das Unterrichtsvorhaben zu führen, sind ihre Textkenntnisse und ihr Textverständnis sorgfältig zu überprüfen (M, S. 23). Im Anschluss daran könnte die Untersuchung der verschiedenen inhaltlichen Bausteine (Handlung, Figuren, Ort, Probleme, Motive etc.) und ästhetischen Aspekte des Dramas (Komik, Tragik, sprachliche Gestaltung, Stilelemente) beginnen.

Motivierender und wirkungsvoller ist für die Schüler(innen) vielleicht das Verfahren, mit ihnen gemeinsam den Text, und zwar in verzögerter Form, anzulesen. Das ist zwar zeitaufwändiger, doch erleichtert es den hermeneutischen Umgang der Schülerinnen und Schüler mit dem Werk. So können sie auf dessen Thematik, das Milieu und die Darstellungsweise eingestimmt werden. Im geselligen Kreis können erste Leseerfahrungen ausgetauscht, Auffälligkeiten benannt und sprachliche und thematische Probleme des Textes gemeinsam erörtert werden. Auch für die Initiierung produktionsorientierter Zugriffe bietet ein solches Verfahren mancherlei Anlässe. Gibt man beispielsweise den Dramentitel als Impuls vor und bittet die Schüler(innen), in verbaler oder auch grafischer Form die Assoziationen und Erwartungen, die sie damit verbinden, darzustellen, so können wichtige Lesarten und deren anschließende Dementierung durch den Handlungsverlauf des Stückes, mithin dessen Kennzeichnung als »tragische Komödie« schon im Vorfeld akzentuiert werden.

Es empfiehlt sich, drei Lektüreetappen einzurichten. Der Textabschnitt, der zunächst gemeinsam mit den Schüler(inne)n gelesen und erschlossen werden soll, endet mit einer längeren Regieanweisung, die den Handlungswechsel und den folgenden Auftritt Claires markiert: »*Das Donnern des nahenden Zuges macht seine Rede unverständlich.*« (T, S. 21) Anschließend könnten zwei häusliche Lektüreetappen mit den Schüler(inne)n verabredet werden. Die erste Lektüreeinheit endet mit dem Schluss des ersten Aktes. Mit ihm stellt sich für die Schüler(innen) die Frage, ob die Güllener bereit sind, auf das Angebot von Claire einzugehen. Danach sollte der Text von den Schüler(inne)n bis zum Ende gelesen werden.

Arbeitsblatt 1:
Diagnose der Lernvoraussetzungen: Kenntnisse und Fähigkeiten

Kontextbezogene Voraussetzungen

1. Was wissen Sie über die Fünfzigerjahre des letzten Jahrhunderts?

2. Welche Hintergrundinformationen haben Sie über die politische Entwicklung und die wirtschaftlichen und sozialen Verhältnisse in Deutschland von 1945 bis 1960?

3. Welche Kenntnisse haben Sie über die Entwicklung des Dramas in der deutschen Literaturgeschichte von 1945 bis heute?

4. Welche Dramen haben Sie bislang im Unterricht behandelt?

Textbezogene Voraussetzungen

1. Welche der folgenden Elemente von dramatischen Texten sind Ihnen bekannt?
– Haupttext/Nebentext
– Akt
– Szene
– Monolog
– Dialog
– Chor
– Exposition
– Peripetie
– Regieanweisungen
– Requisiten

2. Welche Dramenformen kennen Sie?

3. Was wissen Sie über Strukturmodelle von Dramen?

4. Welche Verfahren der Charakterisierung von Figuren sind Ihnen bekannt?

5. Mit welchen Methoden der Analyse und produktions- bzw. handlungsorientierten Erschließung von Dramenszenen haben Sie schon gearbeitet?

6. Welche Kategorien der Redeanalyse sind Ihnen geläufig? Welche rhetorischen Figuren kennen Sie?

Die Unterrichtsreihe im Überblick

Modul	Titel	Thema	Textbezug/Materialien
Modul 1	»Der Besuch der alten Dame. Eine tragische Komödie«	Bedeutung und Funktion von Titel und Personenverzeichnis	M, S. 19 Arbeitsblatt 2, S. 23
Modul 2	»Güllen geht bankrott« – der Dramenanfang	Erschließung der Exposition (Figuren, Raum, Zeit)	T, S. 13–20
Modul 3	Ein ungleiches Paar: Schicksalsgöttin und Krämer	Charakterbilder der Protagonisten Claire und Ill	T, S. 20–40 Arbeitsblatt 3, S. 28 M, S. 33, 34
Modul 4	»Gerechtigkeit für eine Milliarde« – ein unmoralisches Angebot?	Planung, Durchführung und Beurteilung einer Pro-und-Kontra-Diskussion	T, S. 44–50
Modul 5	Friedrich Dürrenmatt – Leben und Werk	Biografischer Hintergrund und historische Voraussetzungen	M, S. 6–10; 12; 14
Modul 6	Wie soll es weitergehen? Planungsgespräch	Planung der Unterrichtsreihe	Gesamttext M, S. 22; 23
Modul 7	Die Struktur des Dramas	Erschließung des Dramenaufbaus	Gesamttext M, S. 31; 24; 30
Modul 8	Ill und der Pfarrer – eine Dramenszene analysieren	Exemplarische Szenenanalyse	Arbeitsblatt 4, S. 38 T, S. 73–76 M, S. 38; 39
Modul 9	Rhetorik: die Rede des Lehrers	Erarbeitung einer rhetorischen Textanalyse	T, S. 90 f.; 120–122
Modul 10	»Frau Zachanassian! Sie verlangen absolute Gerechtigkeit.«	Das Motiv der Gerechtigkeit	T, S. 45–59; 70 f.; 90 f.; 103; 108 f.; 120–122 M, S. 44–46 Arbeitsblatt 5, S. 42
Modul 11	»Solche Späße gehen durch Mark und Bein.«	Komisch-groteske und tragische Momente des Dramas	Gesamttext M, S. 51
Modul 12	Welt-Happy-end?	Bedeutung und Funktion der Schlusschöre	T, S. 131–134 M, S. 40–42 Arbeitsblätter 6, S. 46 und 7, S. 47 f.
Modul 13	»Uns kommt nur noch die Komödie bei«?	Die Theatertheorie Dürrenmatts	M, S. 47–49
Modul 14	Wirkungsgeschichte: die Uraufführung des Stückes	Klausurvorbereitung: vergleichende Analyse ausgewählter Rezensionen	M, S. 52 f.

Modul 1: »Der Besuch der alten Dame. Eine tragische Komödie«

Thema	Bedeutung und Funktion von Titel und Personenverzeichnis
Texte – Medien	M, S. 19; ggf. Arbeitsblatt 2 auf S. 23 im vorliegenden Heft
Ziele – Kompetenzen	Die Schüler(innen) erfassen Bedeutung und Funktion von Paratexten (Titel, Personenverzeichnis), indem sie mit deren Hilfe Erwartungen zum Handlungsverlauf und zur Figurenkonstellation des Stückes formulieren.
Methoden – Arbeitsformen	– Cluster bzw. Kartenabfrage zum Titel des Dramas – Auswertung der Ergebnisse im Unterrichtsgespräch – Einbeziehung des Untertitels als eines weiterführenden Gesprächsimpulses; Erarbeitung der Dialektik von Titel und Untertitel – Partnerarbeit: Bearbeitung von M, S. 19, Aufgabe 2 und 3 – Unterrichtsgespräch: Auswertung der Ergebnisse der Partnerarbeit – Unterrichtsgespräch über Ort (»Güllen« als sprechender Name) und Zeit (»Gegenwart«) der Handlung
Hausaufgabe	Bearbeiten Sie M, S. 19, Aufgabe 7. Ziehen Sie die weiteren Dramentitel und Personenverzeichnisse auf dem Arbeitsblatt 2 zum Vergleich heran.

Im ersten Modul geht es um die Untersuchung der paratextuellen Elemente des Stücks: Titel, Untertitel, Personenverzeichnis und Zeit- und Ortsangaben (vgl. M, S. 19). In einer ersten Arbeitsphase formulieren die Schüler(innen) ihre Vorstellungen und Erwartungen, die sie mit dem Titel des Dramas verbinden. Das kann mithilfe eine Clusters oder einer Kartenabfrage geschehen. Deutlich sollte hier werden, dass die Harmlosigkeit und Gemütlichkeit, die der Dramentitel konnotiert, durch den Untertitel infrage gestellt werden. Es empfiehlt sich, bei den Schüler(inne)n nachzufragen, welche Handlungselemente bzw. Situationen sie in einem Stück erwarten, das der Autor als »tragische Komödie« bezeichnet. Dies sollte hier jedoch noch nicht in einen Diskurs zur poetologischen Form des Dramas münden. Es kann hier auch der von Dürrenmatt zunächst erwogene Untertitel »Komödie der Hochkonjunktur« (vgl. M, S. 21), der in emblematischer Weise auf wirtschaftliche Verhältnisse als Beweggrund von komischen Handlungen und tragischen Konflikten verweist, in das Gespräch einbezogen werden.

Im Anschluss daran bearbeiten die Schüler(innen) im Tandem die Aufgaben 2 und 3 in M, S. 19. Sie erkennen dabei den dialektischen Aufbau des Personenverzeichnisses und vor allem – mit Ausnahme der Eigennamen Zachanassian und Ill – die Typisierung und soziale Funktionalisierung der Namen. Die Teilung der Personen in vier Gruppen evoziert sicherlich Vermutungen hinsichtlich der Handlung und möglicher Konflikte. Analog zum Bedeutungshorizont des Titels können die Schüler(innen) aus der Perspektive der »Besucher« und »Besuchten« Erwartungen skizzieren, die beim Zusammentreffen dieser Gruppen eine Rolle spielen. Nicht ganz eindeutig sind die Vorstellungen, die man mit der Gruppe der »Lästigen« verbindet. Erkennbar ist nur, dass diese Gruppe aufdringlich und unerwünscht ist. Hier deuten sich vielleicht Geschehnisse an, die von den Güllenern als Einmischungen in die inneren Angelegenheiten des Kollektivs empfunden werden.

Am Ende des Unterrichtsgespräches ist die Aufmerksamkeit der Schüler(innen) auf die Orts- und Zeitangabe zu lenken. Neben dem Hinweis auf die Einheit des Ortes sind hier die Konnotationen mit dem sprechenden Namen der Stadt Güllen wichtig. Darüber hinaus ist die Ambivalenz der Zeitangabe »Gegenwart« zu klären. Zum einen verweist sie buchstäblich auf die Gegenwart des Jahres 1955, darüber hinaus meint sie aber in einem allgemeinen Sinn die jeweilige Gegenwart des Zuschauers.

Arbeitsblatt 2:
Titel und Personenverzeichnisse vergleichen

Sophokles **Antigone**

Kreon, *König von Theben*
Eurydike, *seine Gemahlin*
Haimon, *beider Sohn*
Antigone, Ismene – *Töchter des Ödipus*
Teiresias, *ein blinder Seher*
Ein Wächter
Ein Diener des Kreon
Der Chor, *aus vornehmen thebanischen Greisen bestehend*

Der Schauplatz ist vor dem Palaste des Kreon in Theben.

Gotthold Ephraim Lessing **Nathan der Weise**

Sultan Saladin
Sittah, *dessen Schwester*
Nathan, *ein reicher Jude in Jerusalem*
Recha, *dessen angenommene Tochter*
Daja, *eine Christin in dem Hause des Juden, als Gesellschafterin der Recha*
Ein junger Tempelherr
Ein Derwisch
Der Patriarch von Jerusalem
Ein Klosterbruder
Ein Emir nebst verschiedenen Mamelucken des Saladin

Die Szene ist in Jerusalem.

Gerhart Hauptmann **Die Ratten**

Harro Hassenreuter, *ehemaliger Theaterdirektor*
Seine Frau
Walburga, *seine Tochter*
Pastor Spitta
Erich Spitta, *Kandidat der Theologie, sein Sohn*
Alice Rütterbusch, *Schauspielerin*
Nathanael Jette, *Hofschauspieler*
Käferstein, Dr. Kegel } *Schüler Hassenreuters*
John, *Maurerpolier*
Frau John
Bruno Mechelke, *ihr Bruder*
Pauline Piperkarcka, *Dienstmädchen*
Frau Sidonie Knobbe
Selma, *ihre Tochter*
Quaquaro, *Hausmeister*
Frau Kielbacke
Schutzmann Schierke
Zwei Säuglinge

Samuel Beckett **Spiel**

F1, Erste Frau
F2, Zweite Frau
M, Mann

Moritz Rinke **Republik Vineta**

Hans Montag
Johann Behrens
Fritz Feldmann-See
Lutz Born
Klaus Hagemann
Sebastian Färber
Robert Leonhard
Nina Seiler
Ursula Feldmann-See
Rosa und Rosana Seligmann, kommend aus Amerika

Zeit
Das Stück spielt heute.
Zwischen dem 1. Akt und dem 4. Akt liegen etwa 5 Wochen.

Modul 2: »Güllen geht bankrott« – der Dramenanfang

Thema	Erschließung der Exposition (Figuren, Raum, Zeit)
Texte – Medien	T, S. 13–20, Z. 23 (»Mein Gott, wenn nur alles in Ordnung kommt zur rechten Zeit.«)
Ziele – Kompetenzen	Die Schüler(innen) erfassen die räumlichen und zeitlichen Voraussetzungen der Handlung, kennzeichnen deren Funktion und bestimmen die Erwartungen, die die Bewohner Güllens mit dem Besuch Claire Zachanassians verbinden.
Methoden – Arbeitsformen	– Anknüpfung an die Ergebnisse aus Modul 1: Besprechung der Hausaufgabe – Lesen des Textes mit verteilten Rollen (T, S. 13–20) – Schüleräußerungen: Formulierung von Lektüreeindrücken – Unterrichtsgespräch: 1. Wo und wann spielt die Handlung? 2. Welche Figuren spielen? 3. Was geschieht? – Partnerarbeit: Skizze eines Bühnenplanes zum Beginn des ersten Aktes – Unterrichtsgespräch: Welche Handlungsoptionen ergeben sich aufgrund der unbestimmten Vorgeschichte?
Hausaufgabe	1. Lesen Sie den ersten Akt bis T, S. 40. Markieren Sie darin die Stellen, die Claire und Ill charakterisieren. 2. Vergleichen Sie stichwortartig Ihre Vermutungen hinsichtlich des weiteren Handlungsverlaufs mit dem Bühnengeschehen. Wo gibt es Gemeinsamkeiten, wo Unterschiede?

Ein zentrales Strukturelement des Dramas ist die Exposition. Diese soll in diesem Modul in ihren figuralen, räumlichen und zeitlichen Voraussetzungen und Implikationen von den Schüler(inne)n erfasst werden.

Zunächst ist der Text gemeinsam mit den Schüler(inne)n (unter Einbeziehung der Bühnenhinweise und Regieanweisungen) zu lesen. Das kann mit verteilten Rollen geschehen, aber auch in der Form, dass jede(r) Schüler(in) einen Satz bzw. eine Satzgruppe übernimmt. Das Äußern von Leseeindrücken wird ungezwungen in ein Unterrichtsgespräch münden, in dem durch entsprechende W-Fragen Ort, Zeit, Figuren und Bühnengeschehen geklärt werden (vgl. M, S. 25). Dabei sollte deutlich werden, dass Güllen ein Ort ist, der, obwohl er vorgeblich eine lange kulturelle Tradition hat, verarmt und heruntergekommen ist. Die Hinweise, die der Autor zur Gestaltung der Bühne in Form von Adjektiven gibt, machen dies sinnfällig: »ruiniert«, »zerfallen«, »verwahrlost«, »halbzerrissener«, »verrostetes«, »erbärmlich«, »kahl«, »zerfetzte« (T, S. 13). Weshalb der Ort so verfallen ist, bleibt zunächst unklar. Offensichtlich ist, dass die Stadt an der aufblühenden Konjunktur und dem technischen Fortschritt des Landes keinen Anteil mehr hat. Den Einwohnern Güllens, die in numerischer Reihung und Rede als Kollektiv auftreten, bleibt nichts anderes mehr übrig, als den vorbeirasenden Schnellzügen, den Leitsymbolen eben dieses Fortschrittes, hinterherzuschauen.

Will man sich im Unterricht einen genauen Überblick über die räumlichen Verhältnisse, vor allem im Zusammenhang mit ihrer theatralen Umsetzung verschaffen, dann empfiehlt es sich, in Partnerarbeit einen Bühnenplan erstellen zu lassen. Dieser verweist nicht nur auf die Choreografie der Figuren, sondern macht den Schüler(inne)n noch einmal das Problem Dürrenmatts bewusst, die Kleinstadt mit ihrem sozialen Kollektiv auf die Bühne zu bringen und gleichzeitig dessen Verarmung zu veranschaulichen.

Mit den Erläuterungen der Schüler(innen) zum Bühnenplan lassen sich im folgenden Unterrichtsgespräch auch erste Anhaltspunkte für die Figurenexposition gewinnen, deren dialektische Organisation schon das Personenverzeichnis signalisiert. Die Milliardärin Claire Zachanassian kehrt in die Stadt zurück, in der sie aufgewachsen ist; erwartet wird sie von den Honoratioren der Stadt, dem Bürgermeister, dem Lehrer, dem Pfarrer und von Ill. Die Armut der Stadt ist auch an ihnen nicht vorübergegangen: »[...] alle [sind sie] schäbig gekleidet.« (T, S. 16)

Herausgehoben aus dem Kollektiv der Besuchten wird von Beginn an Ill. Er ist »ein Mann von fast fünfundsechzig Jahren« (T, S. 16). Mit Claire verbindet ihn ein weiterer Aspekt der Exposition – die Vorgeschichte: »eine unbestimmte Geschichte« (T, S. 18), so formuliert der Bürgermeister; die Geschichte einer Freundschaft, so suggeriert Ill.

Die Vorgeschichte, die hier nur angedeutet wird, könnte als Impuls genutzt werden, die Schüler(innen) in Form von Handlungsentwürfen Vermutungen über den weiteren Handlungsverlauf anstellen zu lassen: Welche Optionen, so könnte die Leitfrage für das anschließende Unterrichtsgespräch lauten, ergeben sich aufgrund der Expositionselemente und der Dialogführung für die weitere Handlungsgestaltung? Dabei sind unterschiedliche an bestimmten Genremustern orientierte Handlungskonzepte zu erwägen und zu diskutieren: »Aus der Rückkehr Claire Zachanassians in ihre Heimatstadt könnte eine Heimatgeschichte, aus dem Wiedersehen mit ihrer Jugendliebe könnte eine Liebesgeschichte werden; aus ungeklärten Vorfällen zwischen ihr und Ill [...] könnte eine Kriminalhandlung entstehen; die unerklärliche Notlage Güllens und die ungenierte Absicht der Güllener, sich von ihrem Besuch helfen zu lassen, könnten auf eine soziale oder zeitkritische Problematik führen. (Das Drama verwirklicht dann drei dieser Möglichkeiten: Es wird eine Liebes- und eine Mordgeschichte und ein zeitkritisches Drama.) Die Art des zu erwartenden Stücks ist weniger leicht einzuschätzen: Die unkonventionelle, pointierte Dialogführung und die lockere Weise, wie die Ereignisse in Güllen dargestellt werden, lassen ein wohl nicht gerade fröhliches, doch teilweise lustiges und vielleicht komisches Drama erwarten, das eher nicht sehr gefühlvoll, aber wohl auch nicht sehr traurig oder tragisch sein dürfte. (Das Drama wird dann nicht eigentlich fröhlich oder lustig, aber sehr komisch, ja grotesk, dabei stellenweise gefühlvoll und insgesamt traurig und tragisch.)« (Waldmann 1996, S. 160)

Mit der Erschließung der Exposition haben die Schüler(innen) eine solide hermeneutische Basis dafür gewonnen, den ersten Akt des Dramas bis S. 40 zu lesen. Während der häuslichen Lektüre sollen sie die von Ihnen angestellten Vermutungen zum Handlungsverlauf mit dem tatsächlichen Geschehen vergleichen (Stichpunkte) und darüber hinaus die Stellen markieren, die Claire und Ill charakterisieren.

Modul 3: Ein ungleiches Paar: Schicksalsgöttin und Krämer

Thema	Charakterbilder der Protagonisten Claire und Ill
Texte – Medien	T, S. 20–40 Arbeitsblatt 3 auf S. 28 im vorliegenden Heft M, S. 33, 34
Ziele – Kompetenzen	Die Schüler(innen) lernen Charakterisierungsstrategien in dramatischen Texten kennen (auktorial – figural; fremd – eigen; explizit – implizit) und erfassen mit ihrer Hilfe Charaktermerkmale der beiden Hauptfiguren.
Methoden – Arbeitsformen	– Schülerbeiträge / Unterrichtsgespräch: Austausch von Lektüreerfahrungen – Hinweise und Erläuterungen der Lehrkraft zum Charakterisierungsmodell von Manfred Pfister (S. 28) – Arbeitsteilige Gruppenarbeit (Claire/Ill): 1. Verständigung über relevante Textstellen, die Claire und Ill charakterisieren 2. Ordnung der Textbelege nach spezifischen Kategorien (z. B. Erscheinungsbild, Alter, Gestik, Mimik, Verhaltensweisen, Einstellungen, Herkunft, Charakter, Äußerungen) 3. Entwicklung von Charakterbildern zu den beiden Protagonisten auf der Basis des Konzepts von Pfister – Alternatives Verfahren in Form von Einzel- oder arbeitsteiliger Partnerarbeit: Erstellung von Rollenprofilen zu Claire und Ill (M, S. 34) – Vergleich der Bilder von Claire (M, S. 33) mit den Ergebnissen der Schüler(innen)
Hausaufgabe	1. Lesen Sie T, S. 40–50. 2. Versetzen Sie sich in das Jahr 1910 und verfassen Sie einen Zeitungsartikel für das »Güllener Tageblatt« über den Fall Klara Wäscher und dessen Verhandlung vor Gericht.

Das Modul zielt darauf, den Schüler(inne)n Kenntnisse im Hinblick auf das Erscheinungsbild, den Habitus und den Charakter der beiden Hauptfiguren zu vermitteln. Sie sollen lernen, diese im Rückgriff auf den Text darzustellen, zu erläutern und zu beurteilen.

Nach dem Austausch von Lektüreeindrücken zu Beginn des Moduls stellt die Lehrkraft die Grafik von Manfred Pfister (S. 28) vor und erarbeitet gemeinsam mit den Schüler(inne)n die unterschiedlichen Charakterisierungsverfahren in dramatischen Texten. Damit verfügen die Schüler(innen) über ein Konzept, das ihnen analytische Zugänge/Operationen zu den Haltungen und Verhaltensweisen der Hauptfiguren ermöglicht und dazu, diese miteinander zu vergleichen. Im Anschluss daran bilden die Schüler(innen) in arbeitsteiliger Form Gruppen, in denen sie sich über die jeweiligen Textstellen bis T, S. 40 verständigen, die Claire und Ill charakterisieren, und auf dieser Basis Figurencharakterisierungen anfertigen. Um die weitere Unterrichtsarbeit zu erleichtern, sollten die Gruppen ihre Textbelege kategorial ordnen, etwa nach Aussehen, Alter etc. (vgl. Info-Kasten in M, S. 33). Darüber hinaus sollten sie die von Pfister bereitgestellten Dichotomien (auktorial – figural; Fremdcharakterisierung – Eigencharakterisierung; explizit – implizit) bei der Charakterisierung der Figuren anwenden.

Alternativ dazu kann auch ein anderes Verfahren gewählt werden: die simulierte Dramaturgie. Die Schüler(innen) könnten sich z. B. in die Lage eines Regisseurs versetzen und für ihre jeweilige Bezugsfigur ein Rollenprofil erstellen (vgl. M, S. 34). Welches

Verfahren man hier auch immer wählt, in jedem Fall sollten nach der Präsentation der Ergebnisse die bildnerischen Darstellungen/Interpretationen von Claire Zachanassian, die Programmheften zur Aufführung des Stückes entnommen sind (M, S. 33), in den Unterrichtsprozess einbezogen werden. Sie laden nicht nur zu vergleichender Betrachtung mit den ggf. von den Schüler(inne)n ausgewählten Fotos (bei der Erstellung eines Rollenprofils zu Claire, vgl. M, S. 34) ein, sondern lenken und fokussieren auch ihren weiteren Lektüreprozess.

Für die Charakterisierung von Claire Zachanassian sind neben den biografischen Daten und Ereignissen der Vorgeschichte (Herkunft, Sozialisation in Familie und Schule, Prostitution, Heirat des Milliardärs) vor allem die auktorialen Hinweise und Kommentare, die sich in den Regieanweisungen finden, zu nutzen (vgl. T, S. 21f.). Auf der figuralen Ebene sollten Aspekte der Eigen- und Fremdcharakterisierung thematisiert werden. Claire bezeichnet sich selbst als »alt« und »fett« (T, S. 26), wird aber von Ill als »Wildkätzchen« und »Zauberhexchen« (T, S. 26) und später vom Lehrer als »Parze« bzw. als »Schicksalsgöttin« (T, S. 34) bezeichnet.

Ergänzt werden kann die Charakterisierung durch implizite Informationen, die der Leser aufgrund der Haltungen und Verhaltensweisen von Claire gewinnt. Claire gibt sich von Beginn an selbstbewusst und zielorientiert, illusionslos und zynisch.

Damit kontrastiert die Kennzeichnung Ills. Schon bevor es zur Begegnung mit Claire kommt, wird er in seinem Erscheinungsbild auktorial charakterisiert: »*Ill, ein Mann von fast fünfundsechzig Jahren,* [...] *schäbig gekleidet*« (T, S. 16). Darüber hinaus wird sein Status in Güllen deutlich: »Mein lieber Ill«, so sagt der Bürgermeister, »Sie sind seit langem schon die beliebteste Persönlichkeit in Güllen. Ich trete im Frühling zurück und nahm mit der Opposition Fühlung. Wir einigten uns, Sie zu meinem Nachfolger vorzuschlagen.« (T, S. 20) Dem entspricht zunächst die übertriebene Selbstinszenierung Ills, wenn er meint, den Besuch Claires für die wirtschaftlichen Interessen der Güllener instrumentalisieren zu können. Doch rasch wandelt sich das Bild. Nicht nur Claire konfrontiert ihn, den ehemaligen »schwarzen Panther«, schroff mit der Realität seines Erscheinungsbildes (»Du bist fett geworden. Und grau und versoffen.« T, S. 26), er selbst bezeichnet sich – freilich nicht ohne Hintergedanken – als verkrachten Krämer, der ein lächerliches Leben führt (vgl. T, S. 38).

Als zusätzliche Aufgabe oder zur Differenzierung könnten weitere Figuren des Stücks mithilfe des folgenden Auftrags charakterisiert werden: »Neben den beiden Figuren Claire und Ill werden im ersten Akt noch weitere Figuren, nämlich der Lehrer und der Bürgermeister, exponiert. Was erfährt der Leser/Zuschauer über ihren Charakter, ihre Verhaltensweisen und Einstellungen?«

Im Rahmen der Hausaufgabe lesen die Schüler(innen) den ersten Akt bis zum Ende und fassen die Vorgeschichte der Dramenhandlung in produktivem Zugang zusammen, indem Sie einen Zeitungsartikel über den »Fall Klara Wäscher« schreiben.

Arbeitsblatt 3: Techniken der Figurencharakterisierung

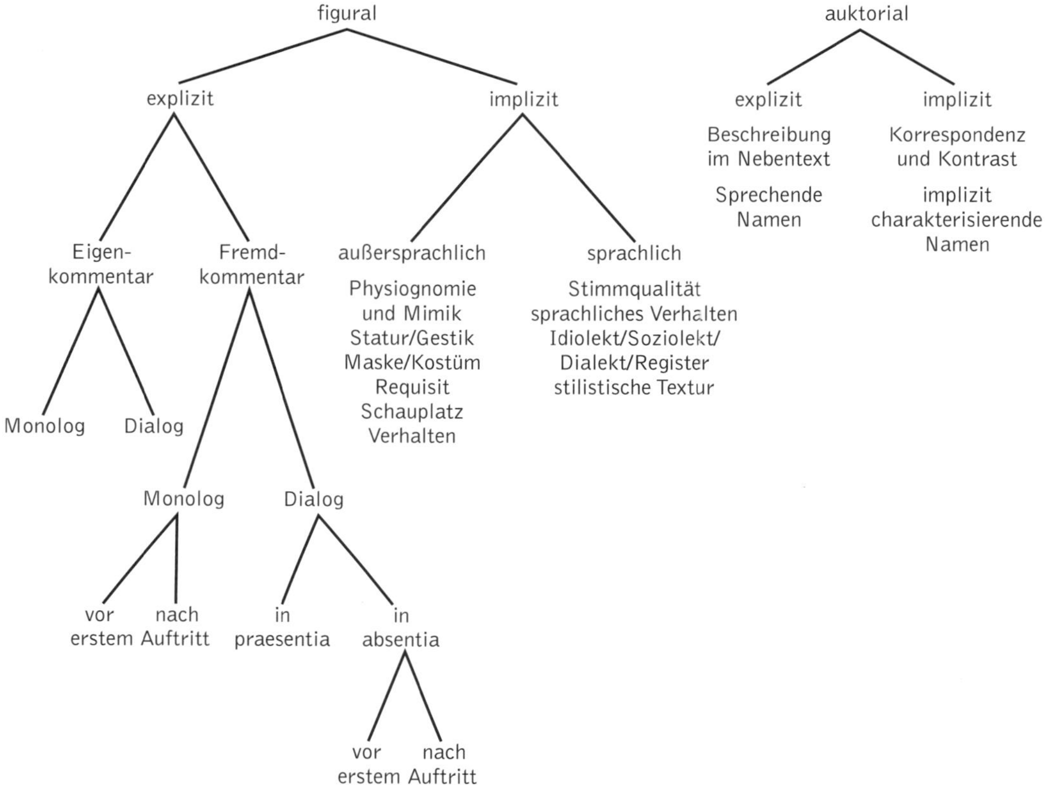

(Aus: Manfred Pfister: Das Drama. UTB 580. 11. Auflage. München/Paderborn: Fink 2001)

Pfister unterscheidet zwischen figuralen und auktorialen Techniken der Darstellung, die explizit oder implizit erfolgen kann. Von expliziter Charakterisierung im auktorialen Bereich spricht er dann, wenn der Verfasser dem Leser im Nebentext, etwa im Personenverzeichnis und in den Regieanweisungen eines Dramas, direkte Hinweise zum Erscheinungsbild, zur Rolle, Gestik, Mimik und zu den Aktionen einer Figur gibt; implizit ist sie dann, wenn er die Figur in Korrespondenz- und Kontrastbeziehungen zu anderen Figuren stellt. So erschließt sich der Charakter bzw. die Rolle einer Figur dem Leser/Zuschauer im Personenverzeichnis indirekt dadurch, dass er sie aufgrund der Zuordnung bestimmter Merkmale mit anderen konfrontiert oder sie ihnen sozial bzw. mental zuordnet. Implizite Informationen kann er auch durch die Spezifik der Namengebung erhalten, z.B. dann, wenn diese sprechend sind oder klangsymbolische Valenzen besitzen.

Auf der figuralen Ebene, im Bereich der handelnden und redenden Figuren, sind die Verhältnisse differenzierter. In den verschiedenen Redeformen, im Monolog und Dialog, können sich Figuren selbst (Eigenkommentar) und wechselseitig (Fremdkommentar) charakterisieren. Sie können sich aber auch implizit charakterisieren: im außersprachlichen Sinn, z.B. durch ihr Spiel, ihre Gestik und Mimik, oder durch die Art ihres Sprechens und ihre Sprache.

Modul 4: »Gerechtigkeit für eine Milliarde« – ein unmoralisches Angebot?

Thema	Planung, Durchführung und Beurteilung einer Pro-und-Kontra-Diskussion
Texte – Medien	T, S. 44–50
Ziele – Kompetenzen	Die Schüler(innen) lernen in der Pro-und-Kontra-Diskussion Thesen und Argumente verständlich und zielgerecht zu formulieren, deren Gehalt zu gewichten und deren Überzeugungskraft zu beurteilen.
Methoden – Arbeitsformen	– Vorstellung der Hausarbeit: Vortragen des Zeitungsartikels aus dem »Güllener Tageblatt« – Unterrichtsgespräch: Vergleich der Zeitungsversionen mit den Enthüllungen von Claire – Problemfrage: Hat Claire ein Recht, die Tötung Ills zu fordern? – Abstimmung vor der Diskussion und Klärung des fiktiven Zusammenhangs der Frage (die in einem Rechtsstaat nicht strittig ist) – Gruppenarbeit: Vorbereitung der Pro-und-Kontra-Diskussion in drei Gruppen (Pro, Kontra, Publikum) – Entwicklung von Argumenten; Besetzung der Rollen – Durchführung der Diskussion – Unterrichtsgespräch: Befragung der Spieler durch die Publikumsgruppe; Bewertung der Argumente und der Überzeugungskraft des Vortrags
Hausaufgabe	1. Lektüre des Gesamttextes. 2. Lesen Sie die Lebenschronik in M, S. 7–10. Welche Fragen haben Sie nach der Lektüre? Notieren Sie Auffälligkeiten in der Biografie Dürrenmatts. 3. Sammeln Sie Schlagzeilen und Fotos, die Ereignisse, Themen und Probleme in dem Zeitraum 1945–1960 in der Schweiz und in Deutschland dokumentieren. Fakultativ: Schülerreferat über die sozialen und wirtschaftlichen Verhältnisse in der Adenauer-Zeit bzw. über analoge restaurative Tendenzen in der Schweiz.

Das folgende Modul thematisiert die Schlussszene des ersten Aktes. Diese gewinnt ihr dramaturgisches Profil durch ihren analytischen Charakter. Zug um Zug wird hier die Vorgeschichte um Claire und Ill aufgedeckt. Die Güllener und mit ihnen die Zuschauer werden vom Butler der alten Dame über die näheren Umstände aufgeklärt, die diese vor 45 Jahren dazu zwangen, aus der Stadt zu fliehen. Zugleich wird ihnen damit die dubiose Rolle deutlich, die Ill dabei gespielt hat. Mithilfe bestochener Zeugen bestritt er damals die Vaterschaft des Kindes, das Claire von ihm erwartete. Dafür will Claire Rache üben. Mit ihrer kompromisslosen Forderung: »Eine Milliarde für Güllen, wenn jemand Alfred Ill tötet« (T, S. 49) setzen sich die Schüler(innen) in diesem Modul auseinander. Genauer genommen geht es hier um die Frage, ob Claire ein Recht hat zu fordern, dass der Mann, der sie ins Unglück gestürzt und zur Hure gemacht hat, getötet wird. Es ist zu erwarten, dass fast alle Schüler(innen) – wider die Argumentation des Pro-Anwaltes – der Zachanassian juristisch und moralisch das Recht bestreiten, Ill töten zu lassen. Diese Position werden sie sicherlich auch dann noch aufrechterhalten, wenn ihnen – wie im Falle von Claire den Güllenern – erhebliche finanzielle Zuwendungen in Aussicht gestellt werden. Gleichwohl sollte ihnen die Frage vorgelegt werden, wie nach ihrer Auffassung die Güllener auf das Angebot Claires reagieren werden bzw. welche Handlungsmöglichkeiten ihnen verbleiben.

Um den Inhalt der Vorgeschichte präzise zu sichern, werden zunächst einige der fiktiven Zeitungsartikel aus dem Jahr 1910 (Hausaufgabe) vorgetragen und besprochen. Diese »offizielle« Version wird anschließend mit den durch Claire veranlassten

Enthüllungen kontrastiert. Auf dieser Grundlage kann dann über ihre Forderung, Ill zu töten, im Rahmen einer Pro-und-Kontra-Debatte diskutiert werden. Diese ist in Gruppenarbeit vorzubereiten. Zuvor sollte den Schüler(inne)n verdeutlicht werden, dass es sich bei der Frage um eine fiktive Debatte handelt, deren Ausgang in einem Rechtsstaat unstrittig wäre, und dass es bei ihrer späteren Stellungnahme nicht um ihre persönliche Auffassung geht, sondern um eine möglichst überzeugende Argumentation und um den Vortrag der Argumente. Die Schüler(innen) sollen also sowohl Aspekte und Argumente entwickeln, die für, als auch welche, die gegen die Forderung Claires sprechen. Die Pro-Gruppe bennent einen Pro-, die Kontra-Gruppe einen Kontra-Anwalt und dazu je einen Sachverständigen. Die beiden Sachverständigen, die sich über die Rechtslage (Verjährung, Anstiftung zum Mord) im Klaren sein müssen, werden später von den Anwälten in ein Kreuzverhör genommen. Die Letzteren halten anschließend das Plädoyer (vgl. dazu Waldmann 1996, S. 163). Die Publikumsgruppe überlegt sich Kriterien dafür, wie die Argumente zu bewerten sind. Nach der Diskussion hat das Publikum Gelegenheit, die vorgebrachten Argumente zu bewerten. Dabei wird deutlich, dass das Gewicht der Aussagen und die Überzeugungskraft der Argumente ganz wesentlich mitbestimmt werden von der Art und Weise, wie sie vorgetragen oder positioniert werden. Dadurch erhalten die einzelnen Rollenträger eine Rückmeldung zu ihrer Leistung.

Entschließt man sich zu diesem Zeitpunkt, die Schüler(innen) den Text bis zum Ende lesen zu lassen, dann sollte man ihnen dafür einen angemessenen Lektürezeitraum zubilligen.

Modul 5: Friedrich Dürrenmatt – Leben und Werk

Thema	Biografischer Hintergrund und historische Voraussetzungen
Texte – Medien	M, S. 6–10; 12; 14
Ziele – Kompetenzen	– Die Schüler(innen) lernen bedeutsame Lebensphasen, Stationen, Ereignisse und Wendepunkte in der Biografie Dürrenmatts kennen und erhalten Einblicke in sein Selbstverständnis als Autor. – Sie recherchieren gezielt Informationen zum historischen Kontext des Dramas und stellen diese dar.
Methoden – Arbeitsformen	– Cluster zu Autorenporträts – Entwicklung und Sammlung von Fragen zur Biografie und zum Werk des Autors – Vorbereitung eines fiktiven Interviews mit dem Autor in Form von Partnerarbeit – Durchführung der Interviews (möglicherweise unter Einbeziehung des Plenums) – Vorstellung der Text- und Bilddokumente zu den Fünfzigerjahren – Fakultativ: Schülerreferat zum historischen Kontext des Stücks – Erarbeitung von Text-Bild-Collagen
Hausaufgabe	1. Lektüre des Gesamttextes 2. Bearbeiten Sie wahlweise M, S. 22 oder M, S. 23.

Das fünfte Modul hat den Charakter eines didaktischen Zwischenspiels. In ihm sollen die Schüler(innen) Kenntnisse über die Biografie Dürrenmatts und den historischen Hintergrund des Stückes erlangen. Der Zeitraum, in dem die Schüler(innen) die Lektüre des Dramas fortsetzen und beenden (etwa eine Woche), könnte im Unterricht dazu genutzt werden, sich mit dem Leben des Verfassers und dem sozialhistorischen Kontext, in dem »Der Besuch der alten Dame« entstanden ist, zu beschäftigen. Der Ausgangspunkt der Betrachtungen könnten Bilder des Autors (vgl. M, S. 6, 9, 10, 11 und 14) sowie sein Geburts- und Todesjahr sein. Fragen zur Biografie können von den Schüler(inne)n zumindest partiell selbst beantwortet werden, wenn man ihnen – bei der vorbereitenden Hausaufgabe – Gelegenheit gibt, sich in Einzelarbeit einen Überblick über die Lebenschronik des Autors zu verschaffen (M, S. 6–10). Korrespondierend dazu kann der Proustsche Fragebogen (M, S. 12) genutzt werden. Er gewährt über die äußeren Lebensdaten des Autors hinaus einen Einblick in die innere Biografie des Autors. Reizvoll für die Schüler(innen) ist sicherlich die Auseinandersetzung mit M, S. 12, Aufgabe 4. Hier können sie ein schärferes Autorenprofil gewinnen, indem sie die durch die Beantwortung des Fragebogens evozierten Selbsterfahrungen mit den lakonisch formulierten autoreferenziellen Aussagen Dürrenmatts vergleichen.

Alternativ dazu könnte auch, etwa in Form von Partnerarbeit, ein fiktives Interview mit dem Autor erarbeitet werden. Die jeweils zu bildenden Tandems sollten sich über die Rollenverteilung einigen und mögliche Fragen/Antworten notieren. Hilfestellungen für ihre Arbeit könnten ihnen die Arbeitsanregungen zur Entstehung und Thematik von »Der Besuch der alten Dame« (M, S. 14–18) geben. Ein zentraler Punkt ihrer Gespräche sollte nach Möglichkeit »Der Besuch der alten Dame« sein.

Die Anzahl der durchzuführenden Interviews wird von der Motivation der Lerngruppe und von den zeitlichen Möglichkeiten in der Stunde abhängen. Um möglichst vielen Schüler(inne)n Gelegenheit zu geben, sich auch praktisch an dem Projekt zu beteiligen, könnten die Mitglieder des Plenums nach Vorstellung der Interviews gebeten werden, das Frage-und-Antwort-Spiel weiter fortzusetzen.

Im zweiten Teil des Moduls ist der zeitgeschichtliche Kontext des Stückes aufzuarbeiten. Grundlage dafür sind die in der Hausaufgabe gesammelten Schlagzeilen und Fotos/Bilder zu Ereignissen, Themen und Problemen in der Zeit der Fünfzigerjahre in der Schweiz und in Deutschland. Die Recherche kann von der Lehrkraft ggf. zuvor durch gezielte Hinweise angeleitet werden. Denkbar sind z. B. Fotos zu den Bereichen Kriegszerstörung/Wiederaufbau, Wirtschaft/Industrie, Sport, Freizeit, Inneneinrichtung, Mode. Themen der Schlagzeilen können die deutschdeutsche Teilung, die Wiederbewaffnung, der 17. Juni 1953, zunehmender Wohlstand, Gewinn der Fußball-Weltmeisterschaft 1954 etc. sein (vgl. dazu »Deutschunterricht extra: Abiturvorbereitung«, Braunschweig: Westermann 2007, S. 55). Leitfragen während des Unterrichtsgesprächs können sein:

1. Welche Ereignisse, Themen, Probleme und Strömungen waren für den Zeitraum zwischen 1945 und 1960 prägend? Stellen Sie Bezüge zu den Bildern und Schlagzeilen her.

2. Versuchen Sie das Lebensgefühl der Menschen dieser Zeit wiederzugeben. Welche Unterschiede sehen Sie zwischen dieser Zeit und Ihrer Gegenwart?

Flankiert werden kann dies durch ein Schülerreferat über die sozialen und wirtschaftlichen Verhältnisse in der Adenauer-Zeit bzw. über analoge restaurative Tendenzen in der Schweiz.

Zum Abschluss des Moduls erstellen die Schüler(innen) ihre persönlichen Text-Bild-Collagen zu den Fünfzigerjahren. Sie sollen dabei auf den Inhalt des im Unterricht behandelten Stücks eingehen und Bezüge zu »Der Besuch der alten Dame« herstellen.

Modul 6: Wie soll es weitergehen? Planungsgepräch

Thema	Planung der Unterrichtsreihe
Texte – Medien	Gesamttext M, S. 22; 23
Ziele – Kompetenzen	Die Schüler(innen) benennen ausgewählte thematische Schwerpunkte des Dramas und nutzen diese als Bausteine für die weitere Gestaltung der Unterrichtsarbeit.
Methoden – Arbeitsformen	– Schüleräußerungen: Vorstellung der Lektüreeindrücke – Sicherung des Lektüreprozesses, vgl. M, S. 22 oder M, S. 23 – Unterrichtsgespräch: Erarbeitung von thematischen Aspekten (z.B. Schuld, Gerechtigkeit, Konsummentalität, Tod) und formalen Schwerpunkten (z.B. Dramenaufbau, Dramentypus, Komik, Tragik, sprachliche und kommunikative Gestaltung von Gesprächen) – Festlegung des weiteren Unterrichtsverlaufs
Hausaufgabe	(Arbeitsteilig:) Unterteilen Sie die drei Akte des Stückes in Szenen. Verwenden Sie dafür das Arbeitsblatt in M, S. 31.

Die Schüler(innen) äußern zunächst ihre Eindrücke nach der Lektüre des gesamten Dramentextes. Zur Überprüfung und Sicherung der Lektüre können die von den Schüler(inne)n zu Hause bearbeiteten Arbeitsblätter M, S. 22 und 23 genutzt werden. Deren Erarbeitung bereitet zugleich schon das folgende Planungsgespräch vor. In diesem werden Fragen und Problemkreise genannt, die im weiteren Verlauf der Unterrichtsreihe behandelt werden sollen, so etwa die folgenden thematischen Schwerpunkte:

- Schuld, Strafe, Moral
- Recht, Gerechtigkeit, Rache
- Konsummentalität, Geld,
- Liebe,
- Tod.

Darüber hinaus sind ästhetische Kriterien der dramatischen und sprachlichen Gestaltung des Stückes zu beachten:

- Dramenaufbau,
- Einordnung des Stücks in einen Dramentypus,
- poetische Aspekte (Komik, Tragik, Ironie, Groteske, Satire),
- Szenenanalyse,
- Aspekte der sprachlich-stilistischen Gestaltung,
- Aspekte der Rezeption des Stückes.

Für den weiteren Verlauf der Behandlung des Dramas bieten sich folgende Alternativen an:

1. In einem Kurs, der bereits Erfahrungen mit der weitgehend selbstständigen Erschließung von Dramen hat, könnten sich die Schüler(innen) für einzelne der oben genannten Themenschwerpunkte entscheiden, sich zu Interessengruppen zusammenfinden und zunächst ihr Spezialgebiet aufarbeiten (vgl. die Seitenverweise auf thematische Bezüge auf S. 55). Auch für die Integration der gewonnenen Ergebnisse sind unterschiedliche Wege denkbar. Zum einen könnten die Gruppenergebnisse im Plenum vorgestellt und diskutiert werden.

Ein noch intensiverer Gedankenaustausch unter den Schüler(inne)n kann zum anderen dadurch erreicht werden, dass sich neue Gruppen bilden, in denen sich jeweils wenigstens ein Mitglied der verschiedenen Schwerpunktthemen befindet. Die Schüler(innen) stellen sich gegenseitig ihre Ergebnisse vor und diskutieren sie. Jeder Integrationskreis hält Fragen und Probleme fest, bei denen noch Klärungsbedarf besteht. Im Plenum werden diese dann vorgestellt und erörtert, das weitere Vorgehen wird abgestimmt. Die Evaluation des gewählten Verfahrens sowie die Beurteilung der gewählten Lektüre erfolgen in einem letzten Arbeitsschritt.

2. Verfügen die Schüler(innen) noch nicht über differenzierte Erfahrung in der selbstständigen Erarbeitung von Dramentexten, so bietet sich ein ande-

res Verfahren an, bei dem eine stärkere Steuerung durch die Lehrkraft erforderlich ist. Gemeinsam mit der Lerngruppe wird das weitere Vorgehen von einer Unterrichtseinheit zur nächsten festgelegt.

Die folgenden Darstellungen greifen die zweite der hier aufgezeigten Möglichkeiten auf und legen den möglichen Ablauf des Unterrichtsvorhabens dar. Zum Abschluss der Planungsstunde schlägt die Lehrkraft vor, sich zunächst mit der Struktur des Stückes zu beschäftigen. In dieser Richtung formuliert sie auch die Hausaufgabe. Arbeitsteilig sollen die Schüler(innen) zu den drei Akten die szenische Gliederung und damit korrespondierend das Auf- und Abtreten der Figuren, den Ortswechsel und den jeweiligen Handlungsaspekt bzw. Gesprächsgegenstand erarbeiten und tabellarisch dokumentieren (M, S. 31).

Modul 7: Die Struktur des Dramas

Thema	Erschließung des Dramenaufbaus
Texte – Medien	Gesamttext M, S. 31; 24; 30
Ziele – Kompetenzen	Die Schüler(innen) erfassen anhand spezifischer Kategorien wie Handlung, Figuren, Ort und Zeit den Aufbau des Dramas.
Methoden – Arbeitsformen	– Schüleräußerungen: Präsentation der Ergebnisse der Hausarbeit – Unterrichtsgespräch: Auswertung und Festlegung einer verbindlichen tabellarischen Übersicht über die szenische Organisation des Stückes auf einem Wandplakat – Leitfrage: Welche Erkenntnisse über die Struktur des Stückes lassen sich anhand der Statistik erkennen? – Arbeitsteilige Gruppenarbeit: Strukturierung des Stückes anhand der Kategorien Handlung, Raum, Zeit und Figuren: Entwerfen Sie ein Strukturbild zur Figuren-, Raum-, Zeit- und Handlungsgestaltung des Dramas. – Präsentation und Auswertung der Ergebnisse im Unterrichtsgespräch
Hausaufgabe	Lesen Sie M, S. 38 und S. 39.

Zu Beginn des Moduls stellen die Schüler(innen) ihre tabellarischen Übersichten über den szenischen Aufbau des Dramas vor. Diese sollten besprochen, ggf. korrigiert und anschließend großflächig plakatiert werden, damit bei der Erarbeitung der Mikrostrukturen des Stücks jederzeit auf sie zurückgegriffen werden kann. Bei der Auswertung erkennen die Schüler(innen) zunächst, dass Dürrenmatt seinem Stück die ihnen aus früheren Dramenlektüren geläufige Aufteilung in Akte zugrunde legt, diese selbst aber keine szenische Gliederung aufweisen. Auffällig ist ferner, dass Ill neben Claire die meisten Auftritte hat. Beide Figuren dominieren eindeutig das dramatische Geschehen. Ein fast stetiger Wechsel ihrer Auftritte ist insbesondere, synchronisiert mit unterschiedlichen Orten, an denen sie agieren, im zweiten Akt zu beobachten. Auf einem Balkon sitzend wartet Claire ab, beobachtet das Geschehen in Güllen und nimmt vor allem wahr, dass Ill immer stärker unter Druck gerät. Überblickt man den gesamten Handlungsverlauf, dann ist zudem für die Schüler(innen) erkennbar, dass Claire und Ill gar nicht so häufig gemeinsam auftreten. Die wenigen Szenen, in denen das der Fall ist, sind auch kaum als Konfrontationsszenen zu bezeichnen. Zumeist dienen sie – zumindest vonseiten Claires – der Erhellung der Vergangenheit. Selbst in der Szene, in der Ill sein Gewehr auf Claire richtet, findet keine Konfrontation statt. Beide Figuren kommunizieren auf unterschiedlichen Ebenen, reden aneinander vorbei.

Zur Obligatorik der Erschließung von literarischen Texten zählen – das ist den Schüler(inne)n aus früheren Unterrichtsvorhaben bekannt – solche Kategorien wie Handlung, Figuren, Raum und Zeit. Es ist daher für die Schüler(innen) naheliegend, dass die Untersuchung der Struktur von dramatischen Texten im Rückgriff auf diese Kategorien geleistet werden kann. In diesem Sinne kann der weitere Verlauf des Moduls in arbeitsteiliger Form in Gruppenarbeit eingerichtet werden, in der die Raum-, Zeit- und Handlungsstruktur sowie die Entwicklung der Figurenkonstellationen erschlossen werden. Dazu sollen jeweils Grafiken erstellt werden. Für die Erschließung der Handlungsstruktur kann die betreffende Arbeitsgruppe die Materialien M, S. 24 und M, S. 30 nutzen. Hier gilt es, das Verhältnis von Vorgeschichte und Bühnenhandlung und mit ihm die analytische Technik zu verdeutlichen, darüber hinaus anhand von zentralen Ereignissen und Wendepunkten die dramatische Entwicklung und Konfliktstruktur des Stückes zu kennzeichnen.

Die Gruppe, die sich mit der Figurenkonstellation beschäftigt, wird das strukturierte Personenverzeichnis Dürrenmatts zum Ausgangspunkt ihrer Untersuchung nehmen. Hier gilt es herauszuarbeiten, wie Ill durch das Angebot Claires innerhalb der Gruppe der Güllener zunehmend isoliert wird und sich ihnen auch selbst entfremdet. In dem Maße, wie das geschieht, nähern die Güllener sich der Position Claires an und verehren sie zum Schluss als Wohltäterin, ohne dass diese mehr für sie übrig hat, als ihnen das versprochene Geld zu geben.

Im Hinblick auf die Rekonstruktion der Raumstrukturen erkennen die Schüler(innen), dass Dürrenmatt »grosso modo« die Einheit des Ortes beachtet. Gleichwohl differenziert und erhöht er damit das Spannungsprofil des Stücks. In diesem Zusammenhang sind die unterschiedlichen Schauplätze der Handlung diskursiv zu erfassen. Dabei sind vor allem Symmetrien, Spiegelungen und Parallelisierungen von Orten in den einzelnen Akten zu erläutern, wie z. B. die Position und Bedeutung der Bahnhofsszenen in allen drei Akten, die Kontraposition von Balkon- und Ladenszenen im zweiten Akt und die Begegnungen von Claire und Ill im Konradsweilerwald im ersten und dritten Akt. Den Bahnhofsszenen kommt insofern entscheidende Bedeutung zu, als sie die gesamte Handlung einrahmen. Kontrastiert man sie miteinander, so lassen sich vor allem hier die Veränderungen in Güllen nachvollziehen. Die Szenen im Konradsweilerwald sind extrem künstlich arrangiert: Die Güllener fungieren als Naturersatz. Mit und in ihnen soll die gemeinsame Vergangenheit Claires und Ills heraufbeschworen werden, doch zugleich wird auch gezeigt, wie die Erneuerung ihrer Liebesgeschichte scheitert. Das »Kartonherz […] mit den Buchstaben AK« (T, S. 35) in der ersten Szene im Wald degeneriert in der zweiten zu Herbstlaub am Boden, das wie ein Haufen Gold wirkt. Schließlich zeigen die Szenen in Ills Laden, dem ökonomischen Mittelpunkt Güllens, nicht nur die Verstrickung der Einwohner, vor allem auch der Familie Ills, in Konsumzwängen, sondern auch deren zunehmende Gewaltbereitschaft.

Im Hinblick auf die Behandlung der Zeit im Drama sollten die Schüler(innen) zwei Referenzsysteme verdeutlichen: zum einen die zeitgeschichtlichen Bezüge, die auf die Fünfzigerjahre verweisen, zum anderen die Handlungszeit. Manifest werden die zeitgeschichtlichen Bezüge an Phänomenen und Namen der Güllener Lebenswelt (z. B. »Steinhäger«, »Opel Olympia«). Die Handlungsdauer des Stückes umfasst mehrere Monate. Dass die Zeit verrinnt, erkennt der Leser an den veränderten Verhaltensweisen der Figuren und den Raumveränderungen. Dabei sollte deutlich werden, dass die Progression der Zeit durch das Warten Claires, dem eine spezifische Erwartungshaltung des Lesers entspricht, retardiert wird.

Mit der Rekonstruktion der Vorgeschichte der Handlung verbinden sich Fragen nach dem Handlungsduktus des Stückes und dessen analytischer Konzeption. Im Vordergrund der Gruppenarbeit sollte die Differenz von Kollektiv- und Individualhandlung stehen: Die erste ist um die Güllener, die zweite um Ill zentriert. Die von der Gruppe zu erstellende Grafik sollte anschaulich machen, dass Individual- und Kollektivhandlung im ersten Akt noch identisch sind, dann im zweiten Akt mit der zunehmenden Korrumpierung der Güllener Gesellschaft auseinanderdriften und im dritten Akt deutlich geschieden sind. Hier ist Ill allein, nachgerade ein anderer geworden.

Mögliche Lösung für Arbeitsgruppe A: Figurenkonstellation

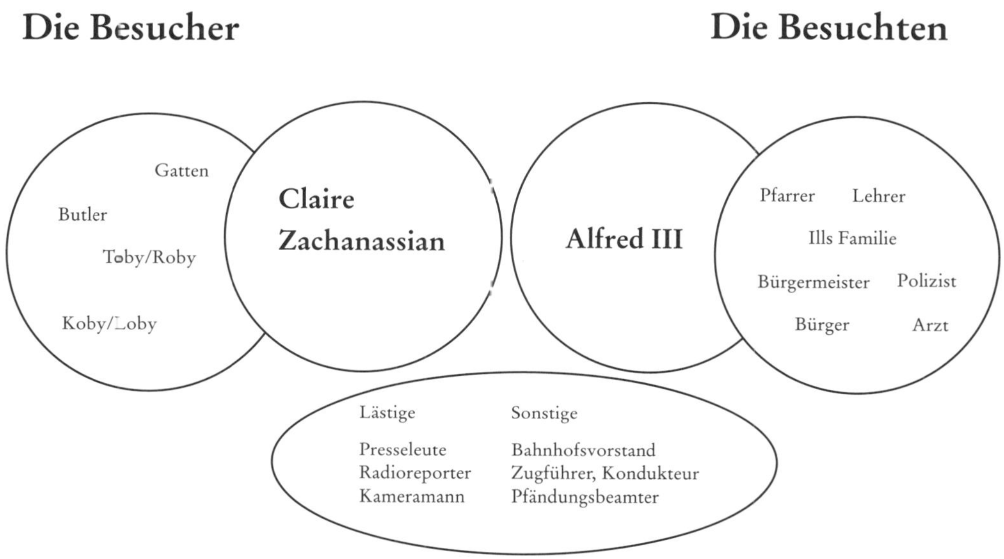

Mögliche Lösung für Arbeitsgruppe B: Raumstruktur

1. Akt	2. Akt	3. Akt
Bahnhof	Ills Laden	Petersche Scheune
		Ills Laden
	Polizeiwache	
Wirtshaus		
		Leere Bühne/vier Stühle
	Stadthaus	
	Balkon	
Konradsweilerwald	Sakristei	Konradsweilerwald
		Theatersaal
Wirtshaus	Bahnhof	Bahnhof

Mögliche Lösung für Arbeitsgruppe C: Zeit- und Handlungsstruktur

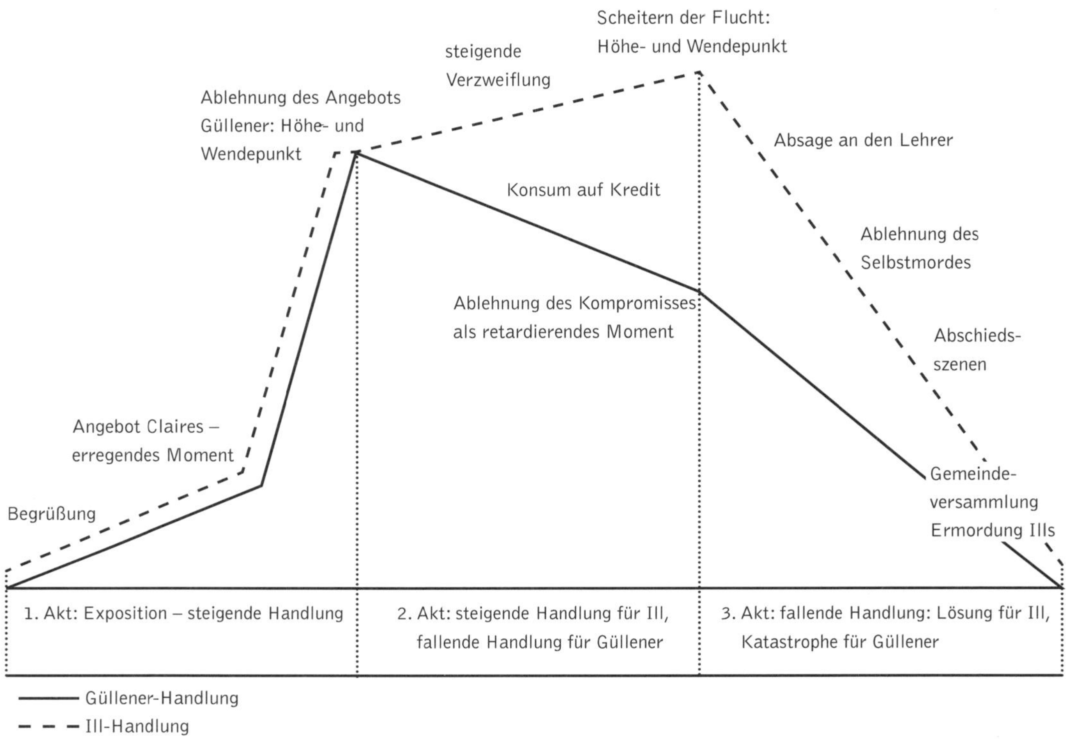

(Aus: Interpretation Deutsch. Der Besuch der alten Dame. Interpretiert von Manfred Eisenbeis. Hallbergmoos 2010, S. 69. © Stark Verlagsgesellschaft mbH & Co. KG

Modul 8: Ill und der Pfarrer – eine Dramenszene analysieren

Thema	Exemplarische Szenenanalyse
Texte – Medien	Arbeitsblatt 4 auf S. 38 im vorliegenden Heft T, S. 73–76 M, S. 38; 39
Ziele – Kompetenzen	Die Schüler(innen) erschließen kriterienorientiert das gestörte kommunikative Verhältnis zwischen Ill und dem Pfarrer.
Methoden – Arbeitsformen	– Bildimpuls: Äußerungen zum Szenenfoto, Bearbeitung von Arbeitsblatt 4 – Vorlesen der Szene mit verteilten Rollen (T, S. 73–76) – Schüleräußerungen: Auswahl von Zitaten mit Zuordnung zum Szenenfoto – Arbeitsteilige Gruppenarbeit: Gruppe A: 1. Inhaltliche Sicherung; 2. Regieanweisungen Gruppe B: 3. Dialogverlauf; 4. Sprechakte Gruppe C: 5. Sprachlich-stilistische Mittel; 6. Resultate – Präsentation und Auswertung der Ergebnisse der Gruppenarbeit
Hausaufgabe	Analysieren Sie das Gespräch zwischen dem Lehrer und Claire Zachanassian (T, S. 90 f.). Klären Sie dabei, wie die Gesprächspartner den Begriff der Menschlichkeit verstehen.

Zu Beginn des Moduls wird mit einem Bildimpuls gearbeitet. Über Folie wird das Szenenfoto des Arbeitsblattes 4 (S. 38) projiziert. Die Schüler(innen) notieren stichwortartig ihre Gefühle und Assoziationen, die anschließend von mehreren kommentarlos vorgetragen werden. Das Szenenfoto wird in den Textzusammenhang eingeordnet und im Hinblick auf verbale und nonverbale Aspekte hin untersucht. Die Szene, auf die sich das Foto bezieht, wird mit verteilten Rollen gelesen (T, S. 73–76). Anschließend wählen die Schüler(innen) Szenenzitate aus und beziehen diese auf die jeweiligen Figuren. Im Folgenden sollen diese spontanen Äußerungen in einer genauen Dialoganalyse differenziert und überprüft werden. Dabei könnte zunächst auf die Ergebnisse der häuslichen Arbeit zurückgegriffen werden. Grundlage der Dialoganalyse sind die Leitfragen in M, S. 34. Der Kurs teilt sich in drei Gruppen, von denen die erste die Aufgaben 1 und 2 (Inhaltliche Sicherung/Regieanweisungen), die zweite die Aufgaben 3 und 4 (Dialogverlauf/Sprechakte) und die dritte die beiden letzten Aufgaben (Sprachlich-stilistische Mittel/Resultate) bearbeitet. Die Ergebnisse werden vorgetragen und diskutiert. Dabei sollte deutlich werden, dass der Pfarrer sich zu Beginn des Gespräches genauso verhält wie die anderen Güllener. Befremdlich – auch er ist auf der Jagd nach dem schwarzen Panther – ist seine Bewaffnung. Er zeigt wenig Verständnis für die konkrete Situation Ills. Auf dessen persönliche Furcht vor möglichen Anschlägen der Güllener geht er nicht ein, sondern speist Ill mit theologischen Versatzstücken ab, die diesem weder Trost noch Hilfe geben. Aufschlussreich ist die Gestaltung der Gesprächsituation als Ankleideszene. In dem Maße, wie der Pfarrer angekleidet wird, wird er amtlich. Eine neue zweite Glocke, die plötzlich zu läuten beginnt, verrät ihn. Auch er – dies muss der Pfarrer eingestehen – hat das Geld der Zachanassian in Anspruch genommen. Zurück bleibt als Geste der Ohnmacht sein Appell an Ill: »Flieh, führe uns nicht in Versuchung, indem du bleibst.« (T, S. 76)

Um die Einzelaspekte der Szenenanalyse sinnvoll zu verbinden, empfiehlt es sich, die Unterrichtsergebnisse von den Schüler(inne)n in der Hausarbeit schriftlich zusammenfassen zu lassen.

Arbeitsblatt 4:
Ein Szenenfoto beschreiben und deuten

Szenenfoto aus einer Inszenierung von »Der Besuch der alten Dame« am Staatstheater Darmstadt aus dem Jahr 2006. Regie: Hermann Schein. © Barbara Aumüller.

1 Beschreiben Sie stichwortartig die Mimik und Gestik der beiden Figuren. In welcher Beziehung stehen sie zueinander?

2 Welcher Szene aus Dürrenmatts »Der Besuch der alten Dame« würden Sie dieses Bild zuordnen?

3 Eine der abgebildeten Figuren spricht. Was könnte Sie der anderen sagen? Legen Sie nach der genaueren Textlektüre der Figur ein Zitat aus der entsprechenden Szene in den Mund und begründen Sie Ihre Auswahl.

Modul 9: Rhetorik: die Rede des Lehrers

Thema	Erarbeitung einer rhetorischem Textanalyse
Texte – Medien	T, S. 90 f.; 120–122
Ziele – Kompetenzen	Die Schüler(innen) erfassen die situativen Voraussetzungen der Rede des Lehrers, erkennen deren Wirkungsabsicht, sind in der Lage, die Bedeutung und Funktion der von ihm verwendeten rhetorischen Mittel zu bestimmen und die reale Wirkung der Rede zu beurteilen.
Methoden – Arbeitsformen	– Vorstellung und Auswertung der Ergebnisse der Gesprächsanalyse – Unterrichtsgespräch: Wie verhält sich der Lehrer nach dem Gespräch mit Claire? Hinführung zu den beiden Reden des Lehrers: 1. Der Redeversuch des betrunkenen Lehrers in Ills Laden (T, S. 98 f.); 2. Die Rede des Lehrers in der Gemeindeversammlung vor der Presse (T, S. 120–122) – Schüleräußerungen: Kategorien der Redeanalyse – Gruppenarbeit: kriteriengeleitete Textanalyse
Hausaufgabe	Analysieren Sie im Rückgriff auf die in der Gruppenarbeit und im Plenum diskutierten Ergebnisse schriftlich die Rede des Lehrers in T, S. 120–122.

Das Ziel dieses Moduls besteht darin, die textanalytischen Fähigkeiten der Schüler(innen) zu erweitern und zu vertiefen. Im Mittelpunkt stehen dabei die Untersuchung und Beurteilung der Rede des Lehrers in T, S. 120–122. Zu Beginn des Moduls tragen die Schüler(innen) die Ergebnisse ihrer Gesprächsanalyse (T, S. 90 f.) vor. Diese zeigen die Kluft zwischen den vom Lehrer reklamierten idealistischen Moralprinzipien und der von materiellen Interessen bestimmten Realität auf. Der Versuch des Lehrers, Claire zu veranlassen, von ihrem Geschäft der Rache abzulassen und sie zur Menschlichkeit zu bewegen, scheitert kläglich. Ihre Reaktion auf seinen Appell entlarvt seine Äußerungen als hohle Phrasen: »Anständig ist nur, wer zahlt, und ich zahle. Güllen für einen Mord, Konjunktur für eine Leiche.« (T, S. 91)

Für die weitere Durchführung des Moduls sollte eine längere Gruppenarbeit eingerichtet werden. In ihr sollten das Thema der Rede des Lehrers erläutert, deren argumentativer Aufbau, Intentionalität und rhetorische Gestaltung analysiert sowie deren Wirkung untersucht werden. Dabei könnte es sinnvoll sein, den Schüler(inne)n eine tabellarische Übersicht über rhetorische Figuren und deren Funktion zur Verfügung zu stellen. Im Anschluss daran sollten die Ergebnisse der Gruppenarbeit präsentiert und diskutiert werden (vgl. Tabelle auf S. 40).

Da erfahrungsgemäß aufseiten der Schüler(innen) oft eine Diskrepanz zwischen Präsentations- und Schreibkompetenz besteht, empfiehlt es sich, die Schüler(innen) in häuslicher Arbeit die Resultate der Gruppenarbeit in Form einer kontinuierlichen Textanalyse verschriftlichen zu lassen. Dann besteht in der folgenden Lerneinheit die Möglichkeit, auf konkrete Schwierigkeiten und Probleme bei der strukturellen und sprachlichen Gestaltung der Textanalyse einzugehen.

Erwartete Resultate der Gruppenarbeit

Kategorie	Inhalt	Textbelege
Rede-situation	Gemeindeversammlung im Theatersaal des Hotels »Goldener Apostel«	»Wir befinden uns im Theatersaal im Goldenen Apostel« (T, S. 119)
Publikum	Bürger der Stadt; Reporter aus aller Welt	»Die Frauen befinden sich im Zuschauerraum [...]« (T, S. 119)
Anlass	Schenkung Claires an die Stadt	»Ich habe die Ehre, bekanntgeben zu dürfen [...]« (T, S. 120)
Thema	Verwandlung der Stadt Güllen in ein gerechtes Gemeinwesen	»Claire Zachanassian [...] will, daß sich unser Gemeinwesen in ein gerechtes verwandle.« (T, S. 121)
Redetyp	Gerichtsrede/Politische Rede	»Waren wir denn nicht ein gerechtes Gemeinwesen?« (T, S. 121)
Intention	Rechtfertigung des Mordes an Ill	»Mit unseren Idealen müssen wir nun eben in Gottes Namen Ernst machen, blutigen Ernst.« (T, S. 121)
Aufbau	Einleitung: Darlegung des Sachverhaltes (unterlassene Strafverfolgung); Thematik der Rede	»Wir duldeten die Ungerechtigkeit.« (T, S. 121)
	Hauptteil: Argumentative Entfaltung der Hauptthese: Rückgriff auf Ideale	»Die Freiheit steht auf dem Spiel, wenn die Nächstenliebe verletzt [...] wird.« (T, S. 121)
	Schluss: Appell an die Güllener	»Nur wenn ihr das Böse nicht aushaltet [...]« (T, S. 122)
Rhetorische Mittel	Anreden	»Güllener« (T, S. 120)
	Alliterationen	»Geld« – »Gold« (T, S. 120)
	Aufzählungen	»Will sie uns [...].« (T, S. 120)
	Anaphorische Reihung	»Sie will [...]. Sie will [...].« (T, S. 121)
	Parallelismus	»Ich erkenne [...]; ich übersehe [...].« (T, S. 121)
	Rhetorische/suggestive Fragen	»Waren wir denn nicht ein gerechtes Gemeinwesen?« (T, S. 121)
Wirkung	Reaktionen des Publikums	»*Tosender Beifall.*« (T, S. 122) Zwischenrufe »*Riesenbeifall.*« (T, S. 121)
	Reaktion des Radioreporters	»Sie hören den Beifall, meine Damen und Herren. Ich bin erschüttert. [...]« (T, S. 122)

Modul 10: »Frau Zachanassian! Sie verlangen absolute Gerechtigkeit.«

Thema	Das Motiv der Gerechtigkeit
Texte – Medien	T, S. 45–59; 70f.; 90f.; 103; 108f.; 120–122 M, S. 44–46 Arbeitsblatt 5 auf S. 42 im vorliegenden Heft
Ziele – Kompetenzen	Die Schüler(innen) erkennen, welche Vorstellungen Claire, Ill und die Güllener von Gerechtigkeit haben und welche Folgerungen sie aus ihren Einstellungen ziehen.
Methoden – Arbeitsformen	– Besprechung der Hausarbeit – Informierender Einstieg: Anknüpfung an Modul 4 – Gruppenarbeit: Erstellung eines Begriffsnetzes bzw. einer Mindmap zu den Kategorien des Strukturgitters (Arbeitsblatt S. 42) – Präsentation der Ergebnisse – Unterrichtgespräch: Welche Bedeutung hat die Gerechtigkeit für Claire, Ill und die Güllener?
Hausaufgabe	Gehen Sie den Dramentext noch einmal durch und markieren Sie die Passagen/ Situationen, die Sie als komisch bzw. tragisch empfinden. Bearbeiten Sie M, S. 51.

Im Mittelpunkt des Moduls steht die Auseinandersetzung mit dem das Stück prägenden Motiv der Gerechtigkeit. Damit knüpft es thematisch an die Pro-und-Kontra-Diskussion im 4. Modul an. Dabei kann es nicht um eine Aufarbeitung des Problemkreises von Vergehen, Schuld, Gesetz, Urteil und Strafe im juristischen Sinne gehen. Dieses widerspricht auch der dramatischen Konstruktion und dem Spielcharakter des Stücks. Gleichwohl sollte die Untersuchung des Themas im Horizont der bekannten juristischen und rechtsphilosophischen Kategorien erfolgen (vgl. M, S. 44–46). Die Annäherung an das Thema kann mithilfe eines Strukturgitters (vgl. Arbeitsblatt 5, S. 42) durchgeführt werden. Die Schüler(innen) bilden Arbeitsgruppen. In ihnen sollen zunächst die im Strukturgitter enthaltenen Begriffe am Text belegt werden. Im Anschluss daran sind die Beziehungen zwischen ihnen in einem Begriffsnetz herauszuarbeiten, auf einem DIN-A3-Blatt zu veranschaulichen und dem Plenum zu präsentieren. Das anschließende Unterrichtsgespräch wird vor allem zu klären haben, welche Bedeutung Gerechtigkeit für Claire, Ill und die Güllener (z.B. den Lehrer) hat und welche praktischen Konsequenzen sie aus ihren Vorstellungen ziehen.

Arbeitsblatt 5:
Ein Strukturgitter zum Thema Recht und Gerechtigkeit

Strafe	**Urteil**	**Täter**
Recht	**Gericht**	**Schuld**
Opfer	**Ankläger**	**Gerechtigkeit**
Verteidiger	**Zeugen**	**Tat**
Sühne	**Gesetz**	**Prozess**

1 Fertigen Sie sich Kärtchen nach dem obigen Muster an. Klären Sie die einzelnen Begriffe. Belegen Sie sie am Text.

2 Legen sie ein Begriffsnetz zum Themenkomplex Recht und Gerechtigkeit in Dürrenmatts »Der Besuch der alten Dame« an.

Modul 11: »Solche Späße gehen durch Mark und Bein.«

Thema	Komisch-groteske und tragische Momente des Dramas
Texte – Medien	Gesamttext M, S. 51
Ziele – Kompetenzen	Die Schüler erfassen die Funktion und Wirkung komisch-grotesker und tragischer Elemente des Stückes und begreifen deren Zusammenspiel als Voraussetzung für dessen Kennzeichnung als »tragische Komödie«.
Methoden – Arbeitsformen	– Unterrichtsgespräch: Welche Vorstellungen verbinden Sie mit den Phänomenen des Komischen und Tragischen? – Schüleräußerungen: Vorstellung der Ergebnisse der Hausarbeit: tragische und komische Elemente des Stückes – Unterrichtsgespräch: Bestimmung unterschiedlicher Realisierungsformen des Komischen (Situationskomik, Sprachkomik etc.)
Hausaufgabe	Lesen Sie T, S. 131–134.

Bevor im folgenden Modul die ambivalente Wirkung der Schlusschöre der Güllener untersucht wird, soll es in diesem Modul darum gehen, die Elemente des Komischen und Tragischen im Drama herauszuarbeiten, deren Funktionen und Wirkungen zu bestimmen und ihr Wechselverhältnis kenntlich zu machen. Ausgangspunkt des Diskurses könnte die paradoxe Formulierung des Untertitels »Eine tragische Komödie« sein. In diesem Kontext ist es wichtig, dass die Schüler(innen) – auch im Rückgriff auf Erfahrungen in ihrer Lebenswelt – ihr Vorverständnis von Komik und Tragik skizzieren. Dabei sollten sie deutlich machen, dass Komik aus der Wahrnehmung eines plötzlich auftauchenden Kontrastes bzw. Widersinns resultiert. Dieser kann sich in unterschiedlichen Spielarten realisieren, im Widerspruch von Erwartung und Erfüllung, im Gegensatz von Geist und Körper, Sein und Sollen, Lüge und Wahrheit.

In kontrastiver Weise könnte von den Schüler(inne)n das Tragische ganz allgemein als ein unausweichliches, schicksalhaftes Ereignis bestimmt werden, das eine Person ins Unglück stürzt.

Danach stellen die Schüler(innen) die Ergebnisse ihrer Hausaufgaben (Markierung tragischer und komischer Passagen/Situationen im Dramentext sowie M, S. 51) vor. Es ist naheliegend, dass sie dabei vor allem Bezüge zu den Protagonisten des Stückes herausstellen, auf komische Züge im Erscheinungsbild, Auftreten und Verhalten von Claire aufmerksam machen, zugleich aber auch auf ihr unheilvolles Vorhaben verweisen, das auf ein tragisches Ende hindeutet. Geht von Claire bis zum Schluss des Stückes eine komisch-groteske Wirkung aus, so tendiert die Entwicklung Ills eher vom Komischen zum Tragischen. Sein Ausruf »Mein Gott« (T, S. 125) in der Hinrichtungsszene steht im Anspielungshorizont der christlichen Passionsgeschichte. Ins Groteske verzerrt wird diese Szene allerdings dadurch, dass ihre mediale Inszenierung misslingt.

Anschließend sollten die von den Schüler(inne)n erbrachten Belege im Unterrichtsgespräch kategorial geordnet werden. Dabei ist es vor allem im Hinblick auf die Bestimmung des Komischen wichtig, unterschiedliche Realisierungsvarianten im Stück, wie z.B. Sprach-, Handlungs-, Situations-, Charakter- und Körperkomik in ihrer funktionalen Bedeutung und Wirkung zu erläutern. Wie das Komische im Stück zu grotesken Verzerrungen führt und wie sich aus diesen das Tragische entwickelt, zeigt die eingehende Untersuchung der Schlussszene (Modul 12).

Modul 12: Welt-Happy-End?

Thema	Bedeutung und Funktion der Schlusschöre
Texte – Medien	T, S. 131–134 M, S. 40–42 Arbeitsblätter 6 und 7 auf S. 46 und 47 f. im vorliegenden Heft
Ziele – Kompetenzen	Die Schüler(innen) erkennen im Rückgriff auf das Standlied in Sophokles' »Antigone« Bedeutung und Funktion der Schlusschöre in »Der Besuch der alten Dame«.
Methoden – Arbeitsformen	– Kurzpräsentation zur Genese des antiken Theaters und zur Funktion des Chores in der antiken Tragödie – Ggf. Lehrerinformation: Hinweise zur »Antigone« des Sophokles – Untersuchung des Chorliedes in verzögerter Rezeption (Arbeitsblatt 6, S. 46) – Erarbeitung der Funktion des Schlusschores in »Der Besuch der alten Dame« in Form eines kooperativen Lernarrangements 1. Einzelarbeit: Lesen Sie das Chorlied und fassen Sie Ihr Verständnis des Textes in einem Satz zusammen. 2. Partnerarbeit: Vergleichen Sie das Chorlied im Drama von Sophokles mit dem im Stück von Dürrenmatt. 3. Bereiten Sie eine Inszenierung des Schlusschores von Dürrenmatt mit verteilten Sprecherrollen vor. – Unterrichtsgespräch: Herausarbeitung der Intentionen Dürrenmatts 1. Parodie des Chorliedes 2. Satire auf das Wirtschaftswunder 3. Pervertierung des Rechts: Neuer Wohlstand wird erkauft mit einem Verbrechen.
Hausaufgabe	Lesen Sie M, S. 47–49. Markieren Sie Schlüsselwörter und arbeiten Sie im Rückgriff darauf zentrale Thesen des Autors heraus.

In der ersten Phase erläutert ein/e Schüler(in) – im Rückgriff auf den Text von Wolfgang Schadewaldt (M, S. 41 f.) und auf die Grafik (M, S. 42) – in einem Kurzvortrag die Genese des antiken Theaters aus dem lyrisch-kultischen Chorgesang zu Ehren des Gottes Dionysos und dessen Funktion in der nachfolgenden antiken Tragödie. Ergänzt werden könnte diese Präsentation durch Hinweise der Lehrkraft zum Inhalt und zur Form der »Antigone« des Sophokles. Im Anschluss daran ist das Chorlied aus diesem Drama mithilfe des Arbeitsblattes 6 auf S. 46 in verzögerter Rezeption zu analysieren.

Die berühmten Anfangsverse des Liedes werden den Schüler(inne)n zunächst in der Form des Clusters vorgelegt (vgl. S. 46). Die Vorstellungen, die sie mit dem Wort »ungeheuer« verbinden, wie z. B. »wunderbar«, »unermesslich«, »geheimnisvoll«, »bestaunenswürdig«, »gewaltig«, werden anschließend an den Satz des Sophokles rückgebunden, der radikal auf die »Conditio humana« zielt, und die Schüler(innen) dazu herausfordert, das Besondere und das Ungeheure des Menschen mit eigenen Worten darzustellen. Damit zu vergleichen ist die Deutung des Menschen durch den antiken Autor. Diese wird strophenweise erschlossen.

Die erste Strophe zeigt, wie sich der Mensch mit seiner Arbeit und mithilfe technischer Mittel die elementare Natur, das raue Meer und die unbeackerte Erde untertan macht. Die zweite Strophe thematisiert die Sonderstellung des Menschen in der Natur. Kraft seines Verstandes und seiner List ist er in der Lage, die Tiere der Luft, des Meeres und der Erde zu beherrschen und zu zähmen. Der Mensch ist – darauf verweist die dritte Strophe – nicht nur ein handelndes Wesen, sondern auch »zoon politikon«, ein Wesen, das der Sprache mächtig, zur Kommunikation mit seinen Mitmenschen und zur Staatenbildung fähig ist. Er organisiert gesellschaftliches Zusammenleben und regelt durch Voraussicht sein Leben, weiß sich dem Unbill der Natur zu entziehen und beugt dem Schmerz vor. Doch all sein Wissen kann ihn nicht vor dem Tod bewahren. Er ist – und das unterscheidet ihn von den Göttern – ein sterbliches Wesen. Die Schlussstrophe macht deutlich, dass er noch in einer anderen Hinsicht ein exponiertes Leben führt. Er muss als moralisches Wesen Gut und Böse unterscheiden, kann Landesart und Götterrecht achten, doch auch Gesetze übertreten. Der sentenzartig gefasste Schlusssatz ist Appell und Warnung zugleich. Dieser bindet das Lied an das dramatische Geschehen, vor allem an die um Kreon zentrierte Handlung zurück. Der Fortgang des Dramas zeigt, in welchem Maße er zur Fehleinschätzung der Situation neigt. Wie wenig er letztlich in der Lage ist, das Richtige vom Falschen, das Gute vom Schlechten zu scheiden, zeigt das Ende des Dramas.

Anschließend sind das Standlied des Sophokles und die beiden Schlusschöre in Dürrenmatts Stück miteinander zu vergleichen. Zunächst sind die Gemeinsamkeiten festzuhalten (wörtliche Übereinstimmungen (»Ungeheuer ist viel«), erhabener Stil, hymnischer Ton, komplexer Satz- und Versbau, Archaismen). Gewichtiger als die Verwandtschaft in der Form sind die thematischen und intentionalen Differenzen zwischen den Texten (vgl. die Synopse auf S. 47 f.). Während Sophokles mit seinem Lied die ungeheuerliche Schaffenskraft des Menschen und seine zivilisatorischen Errungenschaften preist, dabei zugleich aber betont, dass dieser verantwortlich sei für sein Tun und seine Grenzen nicht überschreiten sollte, verklären die Schlusschöre der Güllener in einer Art Apotheose den durch »ein freundlich Geschick« (T, S. 133) ermöglichten neuen Reichtum in allen Bereichen der Lebensführung, der die ungeheuerliche Armut vergessen macht. Um die satirische Intention Dürrenmatts herauszuarbeiten, bietet es sich an, die Schlusschöre von den Schüler(inne)n inszenieren zu lassen. Dabei ist es wichtig, dass diese sich in ihren Gruppen über die Choreografie (Position und Haltung der Sprecher im Raum) und über die Art des Sprechens der Chormitglieder (Lautstärke, Betonung, Tempo) verständigen.

Im nachfolgenden Unterrichtsgespräch sind noch einmal die parodistischen Absichten zu resümieren, die der Autor mit dem Schlusstableau verfolgt. Dabei sollte deutlich werden, dass es ihm nicht darum geht, den antiken Chor lächerlich zu machen bzw. den Autor zu verhöhnen (vgl. T, S. 140). Ein Blick darauf, wie Dürrenmatt sich die Inszenierung der Schlusschöre denkt, zeigt seine ideologiekritischen Intentionen: Die Chöre in ihrer feierlichen Aufmachung fungieren »als Standortbestimmung, als gäbe ein havariertes Schiff, weit abgetrieben, die letzten Signale« (T, S. 132). Die Chöre sind nicht – wie oft in der antiken Tragödie – reflektierte Beobachter des Geschehens, die über Schuld und Sühne im Sinne einer göttlichen Gerechtigkeit befinden, sondern schuldige Mitspieler, die ihr eigenes Verbrechen durch Wohlstands- und Konsumrhetorik zu kaschieren suchen und sich gerade dadurch selbst entlarven. Die in der letzten Strophe des sophokleischen Standliedes angesprochene Fähigkeit des Menschen, zwischen dem Guten und Bösen zu unterscheiden, wird von den Güllenern suspendiert. Die Freiheit, die die Güllener am Schluss des Stückes meinen, ist die Konsumfreiheit, nicht die moralische Freiheit, das Übel abzuwenden.

Es ist didaktisch reizvoll, die Schüler(innen) das Drama Dürrenmatts in einer Art Nachspiel fortschreiben zu lassen. Das lädt sie dazu ein, sich noch einmal das gesamte Geschehen des Stückes zu vergegenwärtigen und über seinen Ausgang zu reflektieren.

Arbeitsblatt 6:
Das Standlied in Sophokles' »Antigone« untersuchen

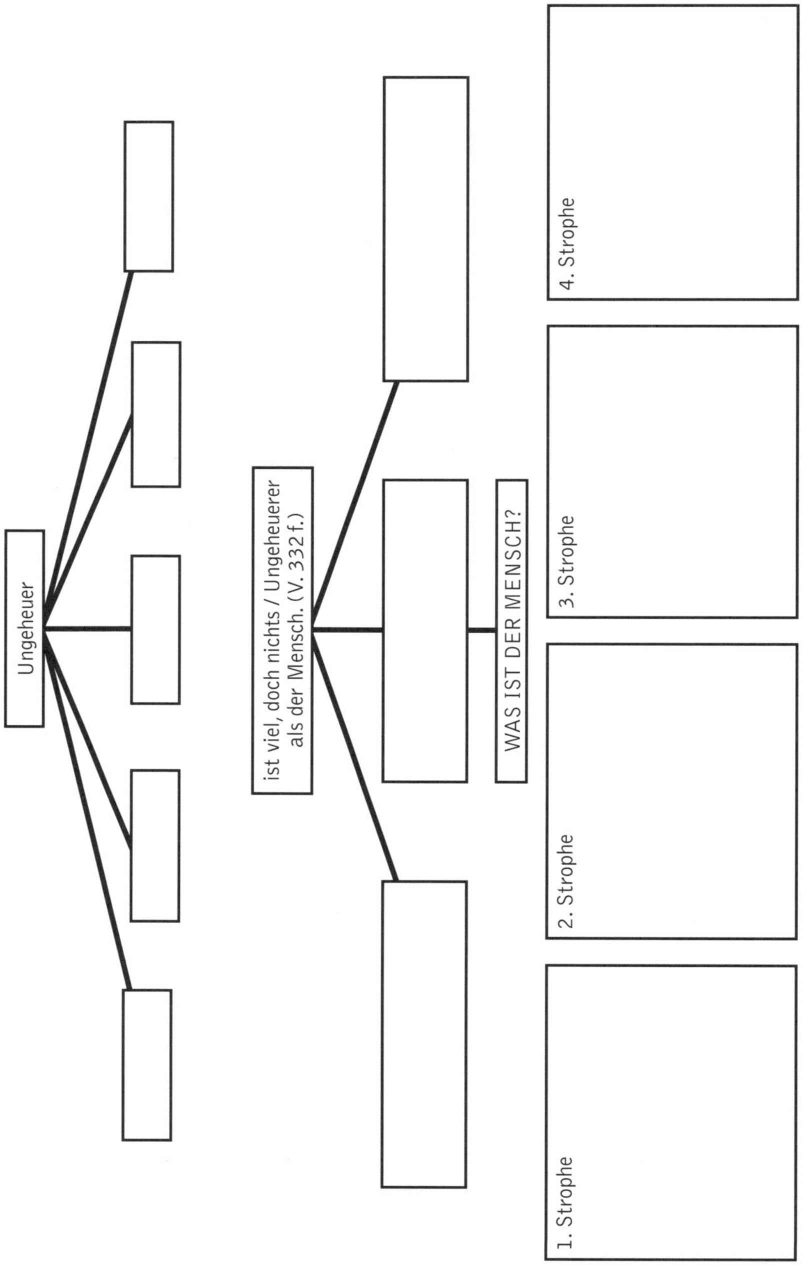

Arbeitsblatt 7:
Der Chor in »Antigone« und in »Der Besuch der alten Dame

Sophokles: Antigone	**Friedrich Dürrenmatt: Der Besuch der alten Dame**
Ungeheuer ist viel, doch nichts	Ungeheuer ist viel
Ungeheuerer als der Mensch.	Gewaltige Erdbeben
Durch die grauliche Meeresflut,	Feuerspeiende Berge, Fluten des Meeres
Bei dem tobenden Sturm von Süd,	Kriege auch, Panzer durch Kornfelder rasselnd
Umtost von brechenden Wogen,	Der sonnenhafte Pilz der Atombombe
So fährt er seinen Weg.	Doch nichts ist ungeheurer als die Armut
Der Götter Ursprung, Mutter Erde,	Die nämlich kennt kein Abenteuer
Schwindet, ermüdet nicht. Er mit den	Trostlos umfängt sie das Menschengeschlecht
pflügenden,	Reiht
Schollenaufwerfenden Rossen die Jahre durch	Öde Tage an öden Tag.
Müht sie ab, das Feld bestellend.	Hilflos sehen die Mütter
	Liebes, Dahinsiechendes.
Sorgloser Vögel Schwarm umstellt	Der Mann aber
Er mit garngesponnenem Netz.	Sinnt Empörung
Und das Wild in all seiner Art,	Denkt Verrat.
Wie des salzigen Meeres Brut,	In schlechten Schuhen geht er dahin
Er fängt's, der Listge, sich ein,	Stinkendes Kraut zwischen den Lippen
Der überkluge Mann.	Denn die Arbeitsplätze, die brotbringenden einst
Beherrscht durch Scharfsinn auch der Wildnis	Sind leer
Schweifendes Tier und er zähmt auch die mäh-	Und die sausenden Züge meiden den Ort.
nigen	Wohl uns
Rosse mit nackenumschließendem Jochholz,	Denen ein freundlich Geschick
Auch den unbezwungenen Bergstier.	Dieses alles wandte.
	Ziemende Kleidung umschließt den zierlichen Leib nun
Das Wort wie den windschnellen Sinn,	Es steuert der Bursch den sportlichen Wagen
Das Thing, das die Staaten gesetzt,	Die Limousine der Kaufmann
Solches brachte er alles sich bei und lernt auch,	Das Mädchen jagt nach dem Ball auf roter Fläche
Dem Frost da drauß zu entgehn,	Im neuen, grüngekachelten Operationssaal operiert
Sowie des Sturms Regenpfeil.	freudig der Arzt
Rat für alles weiß er sich, und ratlos trifft	Das Abendessen
Ihn Nichts, was kommt. Nur vorm Tod	Dampft im Haus. Zufrieden
Fand er keine Flucht. Doch sonst	Wohlbeschuht
Gen heillos Leiden hat er sich	Schmaucht ein jeglicher besseres Kraut.
Heil ersonnen.	Lernbegierig lernen die Lernbegierigen
	Schätze auf Schätze türmt der emsige Industrielle
Das Wissen, das alles ersinnt,	Rembrandt auf Rubens
Ihm über Verhoffen zuteil,	Die Kunst ernähret den Künstler vollauf
Bald zum Bösen und wieder zum Guten treibt's	Es berstet an Weihnachten, Ostern und Pfingsten
ihn. Wer treulich ehrt Landesart	Vom Andrang der Christen das Münster
Und Götterrecht, dieser steht	Und die Züge,
Hoch im Staat. Doch staatlos, wer sich zugesellt	Die blitzenden, hehren

Sophokles: Antigone	**Friedrich Dürrenmatt: Der Besuch der alten Dame**
Aus Frevelmut bösen Sinn. Nie sei der mein Hausgenoss Und nie auch meines Herzens Freund, Der das waget. *(Aus: Sophokles: Antigone. Hrsg. und übertragen von Wolfgang Schadewaldt. Frankfurt/M.: Insel 1974. S. 83 f.)*	Eilend auf eisernen Gleisen Von Nachbarstadt zu Nachbarstadt, völkerverbindend Halten wieder. Es ziehet Die reich uns beschenkte Die Wohltäterin Mit ihrem edlen Gefolge davon! Sie lebe denn wohl. Teures führt sie mit sich, ihr Anvertrautes. Es bewahre uns aber Ein Gott In stampfender, rollender Zeit Den Wohlstand. Bewahre die heiligen Güter uns, bewahre den Frieden Bewahre die Freiheit Nacht bleibe fern Verdunkele nimmermehr unsere Stadt Die neuerstandene prächtige Damit wir das Glück glücklich genießen. *(Aus: Friedrich Dürrenmatt: Der Besuch der alten Dame. Neufassung 1980. Copyright © 1986 Diogenes Verlag AG Zürich. S. 132–134)*

Modul 13: »Uns kommt nur noch die Komödie bei«?

Thema	Die Theatertheorie Dürrenmatts
Texte – Medien	M, S. 47–49
Ziele – Kompetenzen	Die Schüler(innen) erfassen, dass nach Auffassung von Dürrenmatt die moderne Welt mit den dramaturgischen Mitteln der idealistischen Dramatik Schillers nicht mehr darzustellen ist, sondern in ihrer Unübersichtlichkeit und ihren Paradoxien nur durch komische Handlungen, die auf die »schlimmstmögliche Wendung« des Geschehens zielen, den Zuschauern vermittelt werden kann.
Methoden – Arbeitsformen	– Präsentation der Hausarbeiten 1. Die Schüler(innen) nennen Schlüsselwörter des Textes und begründen ihre Wahl. 2. Sie stellen zentrale Thesen des Textes vor. – Partnerarbeit: Entwickeln Sie eine Mindmap, einen Advance Organizer oder ein Schaubild zu den dramentheoretischen Überlegungen Dürrenmatts. – Unterrichtsgespräch: Auswertung der Grafiken mit Fokussierung auf die Arbeitsanregung 1 in M, S. 48; Konkretisierung der Thesen Dürrenmatts an »Der Besuch der alten Dame« – Diskussion im Anschluss an Arbeitsanregung 2 in M, S. 48
Hausaufgabe	Lesen Sie die Rezensionen von Elisabeth Brock-Sulzer und Hansres Jacobi zur Uraufführung von Dürrenmatts Stück »Der Besuch der alten Dame« (M, S. 52 f.) und fassen Sie deren Inhalte thesenartig zusammen.

Das Ziel dieses Moduls besteht darin, die Schüler(innen) mit zentralen Gesichtspunkten und Thesen der Theatertheorie von Dürrenmatt vertraut zu machen, diese zu erläutern und für die Deutung des Stückes produktiv zu machen. Im Mittelpunkt steht dabei die Auseinandersetzung mit einem Textausschnitt aus den dramentheoretischen Essays (M, S. 47–49).

Zu Beginn des Moduls sind den Schüler(inne)n die Definitionen von Tragödie und Komödie, die Dürrenmatt im Glossar seines Stückes aufführt, vorzulegen (T, S. 139 und 140, vgl. Tabelle S. 50). Sie binden Thematik und Ziel des Moduls noch einmal an die Untersuchung der Schlussszene zurück, indem sie über das Recht der Gemeinschaft der Güllener reflektieren, »in einen feierlichen Chor auszubrechen« (T, S. 139 f.). Die Kontraposition der beiden Zitate macht noch einmal deutlich, dass Dürrenmatt sein Stück als Komödie versteht. Die Güllener haben, so will es der Autor, kein Recht, einen feierlichen Chor anzustimmen. Sie haben sich als Gemeinschaft schuldig gemacht und besitzen mit ihren Schlussgesängen daher auch nicht die Dignität der Chöre in der antiken Tragödie. Die Chöre der Güllener sanktionieren das eigene mörderische Verhalten. Als Henker sitzen sie nun selbst – das ist die komisch-groteske Zuspitzung des Dramas – auf der Anklagebank.

Mit dieser Rückbesinnung auf die Deutung der Schlussszene des Dramas ist eine solide Basis für die Auseinandersetzung mit der Theater- bzw. Komödientheorie Dürrenmatts gegeben. Zunächst nennen die Schüler(innen) die für den Text Dürrenmatts konstitutiven Leitbegriffe wie z. B. Welt, Held, Tragödie, Macht, Staatsaktion, Atombombe, Komödie, Einfall, Schuld, Verantwortung, Groteske und stellen zwischen ihnen erste begriffliche Zusammenhänge im Unterrichtsgespräch her. Diese ermöglichen einen kursorischen Zugriff auf den Text. Die von den Schüler(inne)n vorgestellten Kernaussagen Dürrenmatts machen deutlich, dass in einer abstrakten, unüberschaubaren, bürokratischen Welt, über die die Atombombe längst ihren tödlichen Schatten geworfen hat, tragische Helden keine Rolle mehr spielen und dass diese deshalb mit den dramaturgischen Mitteln der idealistischen Dramatik Schillers nicht mehr dargestellt werden kann. Gegen eine Tragödienform, die noch die Schuld, Not und Verantwortung des Einzelnen voraussetzt, stellt der Autor, darauf werden die Schüler(innen) verweisen, die Komödie, die allein in der Lage sei, die paradoxen Weltverhältnisse mit ihren grotesken Einfällen darzustellen.

Da der gedankliche Zusammenhang des Textes komplex und kompliziert ist, empfiehlt es sich, ihn durch eine Grafik zu veranschaulichen. Diese ermöglicht nicht nur eine Sicherung der Lernergebnisse, sondern befördert auch eine Diskussion der Schüler(innen) über Dürrenmatts Theatertheorie. Grundlage dafür ist deren Rückbindung an das Stück. Dabei zeigen sich Gemeinsamkeiten und Unterschiede: Im Drama geht es nicht um die atomare Bedrohung, auch nicht um anonyme Staatsaktionen. Gleichwohl werden auch hier kollektive Prozesse dargestellt, die Macht materieller Strukturen und Interessen, die den Einzelnen im Würgegriff halten und ihn schließlich mit den anderen dazu veranlassen, Ill zu töten, ohne dass er sich individuell verantwortlich fühlt. Von »diesen Leuten« vermag sich der Autor durchaus nicht zu distanzieren. Am Ende ist er sich noch nicht einmal sicher, »ob er anders handeln würde« (T, S. 141). Ihm bleibt nur die Möglichkeit, durch Einfälle die grotesken Verhältnisse der Welt sinnfällig zu machen.

Mögliches Tafelbild:

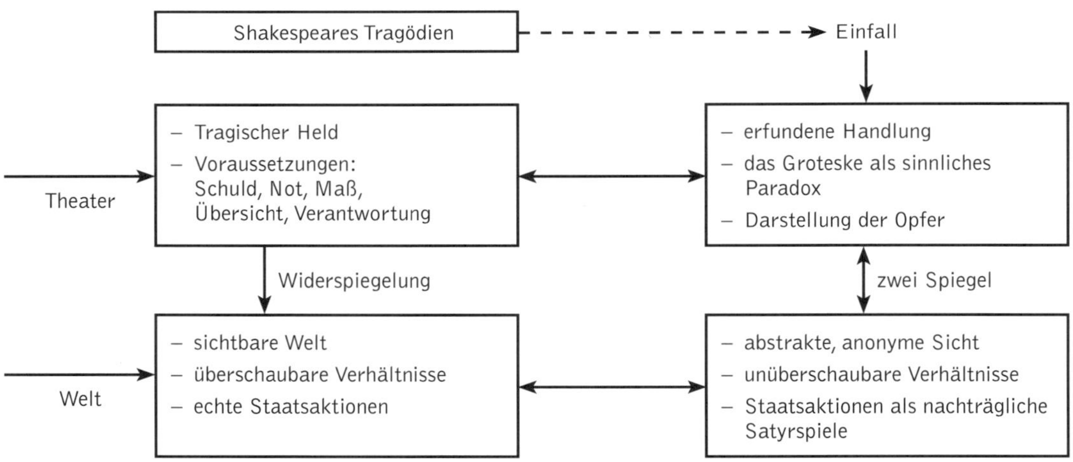

Tragödie	Komödie
»(antike) Form der dramatischen Kunst, die voraussetzt, daß die Gemeinschaft ein Recht habe, in einen feierlichen Chor auszubrechen. Die Gemeinschaft wird idealisiert.« (T, S. 140)	»(moderne) Form der dramatischen Kunst, die voraussetzt, daß die Gemeinschaft kein Recht habe, in einen feierlichen Chor auszubrechen. Die Gemeinschaft wird kritisch betrachtet [...].« (T, S. 139)

Modul 14: Wirkungsgeschichte: die Uraufführung des Stückes

Thema	Klausurvorbereitung: vergleichende Analyse ausgewählter Rezensionen
Texte – Medien	M, S. 52 f.
Ziele – Kompetenzen	Die Schüler(innen) erarbeiten im Rahmen einer Schreibkonferenz Kriterien und Konzepte zur vergleichenden Analyse von ausgewählten Rezensionen zu »Der Besuch der alten Dame« und nutzen diese zur Beurteilung und Korrektur der von ihnen erstellten Texte.
Methoden – Arbeitsformen	– Gruppenarbeit: Präsentation und Besprechung der vergleichenden Textanalysen im Rahmen von Schreibkonferenzen – Plenum: Vorlesen der Textanalysen mit Beobachtungsaufträgen (Welche Aspekte werden angesprochen? Wie ist die Analyse aufgebaut?) – Unterrichtsgespräch: Auswertung der Beobachtungen
Hausaufgabe	

Schüler(innen) zeigen zwar häufig großen Eifer im freien und kreativen Schreiben, gleichwohl scheuen sie sich, wenn man einmal von Oberflächenveränderungen, etwa vom Verbessern von Rechtschreib- oder Wiederholungsfehlern absieht, ihre Produkte zu überarbeiten und zu verbessern. Das zeigt sich vielfach in solchen Situationen, in denen Hausarbeiten, z. B. Textanalysen, im Plenum vorgetragen werden. Schüler(innen) erhalten hier nur sehr selten ein angemessenes Feedback, das sie für ihre eigenen Schreibprozesse praktisch nutzen können. Das ist unbefriedigend und schafft keine günstigen didaktischen Rahmenbedingungen für mögliche Leistungsüberprüfungen. Die Vorbereitung auf eine Klausur sollte deshalb in einer Arbeits- bzw. Lernform geschehen, die sich von den üblicherweise praktizierten Verfahren unterscheidet.

Um die Motivation der Schüler(innen) zu erhöhen, ihre für diese Stunde erstellten Textanalysen zu verbessern, soll die Klausurvorbereitung in der ersten Phase im Rahmen einer Schreibkonferenz geleistet werden. Zu Beginn der Stunde sind Gruppen zu bilden. In ihnen werden dann die verschiedenen Analysen vorgelesen. Jeder Verfasser hat dafür Sorge zu tragen, dass sein Text den anderen Gruppenmitgliedern in schriftlicher Form vorliegt. Jedes Gruppenmitglied erhält Gelegenheit, sich zu den vorgelesenen Texten Notizen zu machen, Fragen zu stellen, Einfälle zu äußern, inhaltliche und formale Aspekte zu kommentieren und zu beurteilen. Das schafft die Basis für einen produktiven Austausch, führt zur Diskussion über Schreibpläne und stilistische Fragen, vor allem aber zu ersten Bausteinen für eine umfassende Analyse der Rezensionen von Brock-Sulzer und Jacobi. Am Ende dieser Phase sollten sich die Schüler(innen) jeder Gruppe für einen überarbeiteten Text entscheiden, der später dem Plenum vorgetragen wird.

Um zeitliche Pressionen zu vermeiden, sind lediglich zwei Textanalysen im Plenum vorzustellen. Wünschenswert ist es aber, die Textfassungen, für die sich die anderen Gruppen entschieden haben, allen zugänglich zu machen. Damit die anschließende Auswertungsphase Struktur bekommt und didaktisch entlastet wird, sollten den Schüler(inne)n Beobachtungshilfen in Form von Leitfragen gegeben werden (Welche Aspekte werden angesprochen? Wie ist die Analyse aufgebaut?). Diese zielen auf die Erarbeitung eines Schreibkonzeptes, das ihnen beim Schreiben ihrer Klausur helfen kann. Dass dieses – je nach Umgang mit dem Text – recht unterschiedlich ausfallen kann, dass hier also – bei aller Rückbindung an den Text – Offenheit gezeigt werden sollte, wird sich schon allein aus den unterschiedlichen Textfassungen ergeben.

Vorschläge für Klausuren

Klausur I

Aufgabentyp:
Analyse eines literarischen Textes mit weiterführendem, produktionsorientiertem Schreibauftrag
Aufgaben:
1. Analysieren Sie Aufbau, Intention und sprachliche Gestaltung der Rede des Lehrers aus »Der Besuch der alten Dame« von Friedrich Dürrenmatt (T, S. 120–122).
2. Am Tag nach der Gemeindeversammlung erscheint ein Kommentar im »Güllener Tageblatt«, in dem vor allem auf die Rede des Lehrers eingegangen wird. Schreiben Sie ihn.

Klausur II

Aufgabentyp:
Analyse eines literarischen Textes mit weiterführendem Schreibauftrag
Aufgaben:
1. Analysieren Sie das Gespräch zwischen Ill und dem Bürgermeister in »Der Besuch der alten Dame« von Friedrich Dürrenmatt (T, S. 68–72).
2. Erstellen Sie ausgehend von Ihrer Textanalyse eine Charakteristik des Bürgermeisters.

Klausur III

Aufgabentyp:
Analyse eines literarischen Textes mit weiterführendem Schreibauftrag
Aufgaben:
1. Analysieren Sie den Textausschnitt S. 124–127 aus Friedrich Dürrenmatts »Der Besuch der alten Dame« (»Wer reinen Herzens ist […] Den Frauen ist im Garten des Goldenen Apostels ein Tee serviert«).
2. Arbeiten Sie ausgehend von Ihrer Textanalyse die Bedeutung und Funktion weiterer grotesker Phänomene im Drama heraus.

Klausur IV

Aufgabentyp:
Argumentative Entfaltung eines Problems anhand einer fachspezifischen Textvorlage
Aufgaben:
1. Geben Sie den Argumentationsgang des Textes »Modell Scott« von Friedrich Dürrenmatt (M, S. 49 f.) wieder und erläutern Sie die einzelnen Aussagen.
2. Erörtern Sie im Rückgriff auf den Text die Frage, ob Sie Ill für eine komische oder tragische Figur halten.

Klausur V

Aufgabentyp:
Vergleichende Analyse von zwei literarischen Texten
Aufgabe:
Vergleichen Sie in analysierender Weise die Bahnhofszenen am Anfang und am Ende des Dramas (T, S. 13 bis 15 [»… und das Bangkoker Vergnügungsviertel.«] und S. 131 [»Drückten die immer besseren Kleider …«] bis 134).

Klausur VI

Aufgabentyp:
Vergleichende Analyse von zwei Sachtexten
Aufgabe:
Bei den beiden folgenden Texten handelt es sich um Rezensionen zur Uraufführung von Friedrich Dürrenmatts »Der Besuch der alten Dame«. Analysieren und beurteilen Sie sie vor dem Hintergrund Ihrer Textkenntnisse in vergleichender Weise.

Text 1: Manuel Gasser: Der neue Dürrenmatt (1956)

Dürrenmatt macht es seinem Zuschauer nicht leicht. Zwar ist sein Stück weder verworren noch dunkel, sondern, was die Fabel betrifft, so zwingend einfach wie eine antike Sage oder ein Märchen der Brüder Grimm. Auch läuft die Handlung in einem schön geschwungenen, kunstvoll gegliederten Bogen völlig logisch ab. Die Schwierigkeiten beginnen erst bei den Personen. Die Titelheldin etwa: Zuerst glaubt man es mit einer grotesk-lustigen Person zu tun zu haben, mit einer ins Dämonische gesteigerten Karikatur. Dann wandelt sie sich zur Schicksals- und Rachegöttin, die Gerechtigkeit kaufen will wie eine Ware und damit eine ganze Stadt korrumpiert. Aber es wird lange nicht klar, wie es sich denn nun eigentlich mit ihr verhält. Ist sie böse oder ist sie nur das Werkzeug des Bösen? Und wenn sie böse ist, war sie es schon damals, als sie mit dem jungen Ill im Konradsweilerwald ein Herz in die Baumrinde schnitt? Oder ist sie erst durch Ills Schuld böse geworden? Ähnliche Fragen bei ihrem Gegenspieler. Wie soll man sich zu ihm verhalten, nachdem man (recht spät, nach einem geistigen Abstecher in die falsche Richtung) gemerkt hat, dass er nicht der Bösewicht, sondern das Opfer des Bösen ist? Nun scheint es zwar, der Autor habe den einzigen »Helden« seines Stückes mit Absicht als erbärmlichen Kerl gezeichnet – um zu zeigen, dass das Heil nicht vom Ungemeinen, sondern vom Gewöhnlichen und Gemeinen zu erwarten ist. Gut. *Aber wohin sollen wir dann mit unserer Sympathie?*

Mit solchen Fragen schlägt sich der Zuschauer herum, während die Handlung abläuft. Und auch wenn das Stück zu Ende ist, wird er sie nicht los. Wie Kletten haften sie in seiner Erinnerung.

Das ist ein gutes Zeichen. Denn es beweist, dass der Zuschauer Dürrenmatts Personen ernst nimmt. Dass er Menschen aus Fleisch und Blut in ihnen sieht, Menschen mit ihren Widersprüchen und Rätseln, hinter die zu kommen er sich bemüht. Das gilt nicht nur für die Hauptpersonen, sondern auch für jene Figuren, denen der Dichter bewusst etwas Marionetten- und Schemenhaftes verlieh. Aber es sind keine am Schreibtisch gezeugten Schemen, sondern echte Nachtgespenster, Vampire, die sich vom Blut lebendiger Geschöpfe genährt haben.

Die Personen des Dramas also nimmt man ernst. Und seine Moral? Seine unerbittliche, grausame, vernichtende Moral?

Das steht auf einem andern Blatt. Nur moderne Erfolgsapostel pflegen ihre Wirkung statistisch und karteimäßig zu erfassen. Der Dichter sagt, was er sagen muss. Ob der Beifall, der nach dem dritten Akt prasselt, seiner literarischen Leistung oder der Wahrheit des Stückes gilt, kann er nicht wissen. Und wahrscheinlich ist es auch ganz gut, wenn er's nicht weiß. […]

(Aus: Die Weltwoche, Zürich, 6.2.1956)

Text 2: Heinz Beckmann: Eine tragische Komödie (1956)

[…] Friedrich Dürrenmatt ist ein vertrackter Fall. Sicher hätte man ihn längst abgeheftet, wenn Dürrenmatt nicht so begabt wäre, und zwar spezifisch zum Drama begabt. Er weiß die rechte Fabel zu finden, selbst wo er spintisiert, er besitzt eine beachtliche Sensibilität für das Szenische sogar auch noch bei irrealen Vorgängen, er ist ein Virtuose der Exposition und fürchtet sich nicht vor grellem Spaß und pfefferscharfer Ironie mitten in der Tragödie. Aber der Mensch ist ihm unbekannt. Er kennt nur das Exemplar, nur das Demonstrationsobjekt. Weshalb denn auch sein Spaß und seine Ironie fast ständig auf die Rutschbahn ins mittelmäßige Kabarett geraten.

Bei der Uraufführung seiner tragischen Komödie »Der Besuch der alten Dame« in Zürich dachte man sogar den ganzen ersten Akt lang: Jetzt hat Dürrenmatt es tatsächlich geschafft, jetzt greift er endlich zu. Desto bitterer war dann die Enttäuschung bis zum antiken Schlusschor der Leute aus Güllen, in dem dummerhaftiger daherskandiert wird, als es auf einer ausgewachsenen Bühne erlaubt sein sollte. Zorniger habe ich selten eine Premiere verlassen, und es bleibt denn nun nur noch dieser Zorn. Immerhin, zornig wird man nur, wo es sich lohnt. Friedrich Dürrenmatt schrieb zu der Uraufführung in Zürich einige Randnotizen. Darin nennt er die Gegenwart einen »Steinbruch, aus dem ich die Blöcke zu meinen Komödien haue«. Leider scheint dieser Steinbruch, bildlich gesprochen, ein Kaffeehaus gewesen zu sein, in dem man zum Espresso Gin trinkt. –

[…] Das [die Handlung des Stückes »Der Besuch der alten Dame«] ist kein übler Stoff, und der erste Akt knistert denn auch recht verheißungsvoll. Natürlich weigern die Güllener sich, Alfred zu töten. Aber alle fangen an, auf Schulden einzukaufen. Sogar der Pfarrer hat neue Glocken bestellt, und der Bürgermeister lässt ein modernes Rathaus entwerfen. Jedermann scheint heimlich zu hoffen, dass Alfred doch zu Tode kommt. So häufen sich die Schulden, häuft sich das Wohlleben, häufen sich die Hoffnungen auf Claires Milliarde. Endlich versucht der Bürgermeister, Alfred zum Selbstmord zu überreden. Als das nichts hilft, wird Alfred in einer Gemeindeversammlung sozusagen kollektiv ermordet. Alle sind daran beteiligt, auch der Pfarrer. Claire aber, die eben noch zynische Nemesis zu sein schien, sinkt an Alfreds Leiche nieder und wimmert sentimentale Sprüche. Dann unterschreibt sie den Scheck und nimmt Alfred im Sarg mit nach Capri. Alfreds Frau hat sich einen Pelzmantel, sein Sohn ein Auto gekauft, indessen seine Tochter Tennis spielt. Kein Laut der Klage wird von der Familie vernommen.

Nach dem ersten Akt, der durch seine Exposition besticht, verschlammt die Komödie, aber nicht mehr brodelnd wie einst, sondern zäh, sehr zäh. Und wieder machen sich jene degoutanten, weil unnötigen Übersteigerungen bemerkbar, die bei Dürrenmatt früher einmal für Wildwuchs gehalten werden konnten. Heute denkt man anders darüber. Claire trägt am linken Bein und an der rechten Hand eine Prothese. Ihre Sänfte wird von zwei Raubmördern befördert, die sie aus dem Zuchthaus kaufte. Jene beiden meineidigen Zeugen aber ließ sie blenden und entmannen, um sie als Hampelmänner in ihrem Gefolge mitzuführen. Alle zwei Minuten tröpfelt ein fader Kabarettwitz, bis die Bühne am Ende gar völlig von Reportern und Wochenschaumännern beherrscht wird. Und dann versammeln sich die lieben, mörderischen Güllener zu einem Sprechchor, in dem die Konjunktur oder sonst was ganz ohne Ironie ironisiert wird. Schade, sehr schade, denn das kalte Rachegelüst der reichen Claire hätte, an ein paar wirklichen Menschen entwickelt, ein ziemlich bedrückendes Drama auslösen können. […]

(Aus: Heinz Beckmann: Nach dem Spiel. Theaterkritiken 1950 bis 1962. München: Langen-Müller 1963. S. 149–151)

Seitenverweise auf thematische Bezüge

Themen und Motive

Heimkehr: S. 13 ff.
Recht und Gerechtigkeit: S. 24; 29; 43; 45–49; 70; 90; 109; 121; 124–126
Schuld: S. 74 f.; 108; 125 f.
Verfall: S. 14 ff.
Tod: S. 24; 29, 30; 31; 41; 44; 45; 49; 51; 57; 64; 100; 117 f.; 130 f.
Liebe: S. 18; 36; 39, 78; 131
Kulturelle Tradition: S. 14 f.; 50; 69; 87 f.; 98 f.; 119; 121
Medien: S. 95 ff.; 119 ff.
Konsum und Wohlstand: S. 54; 55; 57; 64; 68; 75; 92; 101; 131
Moral: S. 88 f.; 103; 121; 122
Gesellschaftskritik: S. 131 ff.

Bilder

Panther: S. 26; 33; 60 f.; 66 f.; 74; 76; 131
Schwarz: S. 34; 116
Gelb, Golden: S. 37; 41; 59 f.; 64; 65; 80; 112; 120
Glocke: S. 14; 15; 17; 20; 31; 51; 76; 91; 112
Beil: S. 92; 100

Anspielungen

Literarische Verweise
Balkonszenen, Zigarre → Romeo und Julia: S. 114
»Ernst ist das Leben …« → Schiller: Wallenstein: S. 119
Chor → Sophokles: Antigone: S. 132 ff.
»Eine Stimmung wie bei Adalbert Stifter«: S. 111

Biblische Verweise
Hotel zum Goldenen Apostel: S. 32; 51
Eheschließung mit Ehemann VII → Erster Korinther dreizehn: S. 87
Matthäus-Passion: S. 87
Das Jüngste Gericht: S. 24
Passionsspiele in Oberammergau: S. 82
Passion Christi: »Aber nun schloß ich …«: S. 109
Vaterunser: S. 76
Der Lehrer als trunkener Erzengel: S. 99
Ein goldenes Lamm, Verbrecher vor der Hinrichtung / Prophet Amos: S. 128

Mythologische Verweise

Parze: S. 34
Klotho: S. 34
Sphinx: S. 67
Medea: S. 90
Ödipus: S. 99

Auswahl möglicher Texte für die Unterrichtsarbeit

Basis
1. Textbeginn / Ort, Vorgeschichte, Hauptfiguren: T, S. 13–21
2. Exposition von Claire und Ill: T, S. 21–31
3. Der Konflikt, T, S. 40–50
4. Gesprächsanalysen: Die Güllener sagen nicht, was sie denken,
   a) Ill – Polizist: T, S. 61–66
   b) Ill – Bürgermeister: T, S. 67–72
   c) Ill – Pfarrer: T, S. 73–76
5. Der Wendepunkt: Ills Erkenntnis: T, S. 80–85
6. Die Rechtfertigung des Mordes / die Reden des Lehrers: T, S. 103; 121 f.
7. Mediale Inszenierung von Politik: die Ermordung Ills: T, S. 119 ff.
8. Welt-Happy-End: der Chor der Güllener: T, S. 131–135

Ergänzung
1. Komische und groteske Stilzüge: Konradsweilerwald: T, S. 35–40
2. Dramentheoretische Überlegungen Dürrenmatts: M, S. 47–50
3. Rezensionen: M, S. 52 f.

Literaturempfehlungen/Medien

Textausgabe

Dürrenmatt, Friedrich: Der Besuch der alten Dame. Eine tragische Komödie. Neufassung 1980. Zürich: Diogenes 1980.

Werke Dürrenmatts

Dürrenmatt, Friedrich: Theater-Schriften und Reden. Hrsg. von Elisabeth Brock-Sulzer. Zürich: Arche Verlag 1966.

Dürrenmatt, Friedrich: Die Physiker. Eine Komödie in zwei Akten. Neufassung 1980. Zürich: Diogenes 1980.

Dürrenmatt, Friedrich: Werkausgabe in dreißig Bänden. Hrsg. in Zusammenarbeit mit dem Autor. Taschenbuchausgabe Zürich: Diogenes 1980. (Bd. 10: Die Wiedertäufer. Eine Komödie. Bd. 24: Theater, Essays, Gedichte und Reden. Bd. 26: Literatur und Kunst. Essays Gedichte und Reden).

Materialien/Kommentare/Arbeitsheft

Friedrich Dürrenmatt. Der Besuch der alten Dame. Matrialien und Arbeitsanregungen. Erarbeitet von Peter Bekes. Braunschweig: Schroedel 2007.

Friedrich Dürrenmatt. Der Besuch der alten Dame. Erläuterungen und Dokumente. Hrsg. von Karl Schmidt. Stuttgart: Reclam 1975.

Zu Dürrenmatt allgemein

Große, Wilhelm: Friedrich Dürrenmatt. Literaturwissen. Stuttgart: Reclam 1998.

Knopf, Jan: Der Dramatiker Friedrich Dürrenmatt. Berlin: Beck 1987.

Tantow, Lutz: Friedrich Dürrenmatt. Moralist und Komödiant. München: Heyne 1992.

Bienek, Horst: Werkstattgespräche mit Schriftstellern. München: Deutscher Taschenbuch Verlag 1976. S. 120–136.

Zu »Der Besuch der alten Dame«

Durzak, Manfred: Die Travestie der Tragödie in Dürrenmatts »Der Besuch der alten Dame« und »Die Physiker«. Aus: Der Deutschunterricht 28/1976. H. 6. S. 86–96.

Eisenbeis, Manfred: Friedrich Dürrenmatt. Der Besuch der alten Dame. Freising: Stark 2007.

Frizen, Werner: Friedrich Dürrenmatt. Der Besuch der alten Dame. München: Oldenbourg 1998.

Guthke, Karl: Friedrich Dürrenmatt. Der Besuch der alten Dame. Aus: Das deutsche Drama vom Expressionismus bis zur Gegenwart. Bamberg: Buchner 1977. S. 241–249.

Knopf, Jan: Friedrich Dürrenmatt: Der Besuch der alten Dame. Die Fünfzigerjahre und ihre Auswüchse. Aus: Dramen des 20. Jahrhunderts. Interpretationen. Bd. 2. Stuttgart: Reclam 1996. S. 71–91.

Mayer, Sigrid: Friedrich Dürrenmatt. Der Besuch der alten Dame. Frankfurt/M.: Diesterweg 1981.

Profitlich, Ulrich: Friedrich Dürrenmatt. Der Besuch der alten Dame. Aus: Die deutsche Komödie vom Mittelalter bis zur Gegenwart. Hrsg. von Walter Hinck. Düsseldorf: Bagel 1977. S. 324–341.

Waldmann, Günter: Produktiver Umgang mit dem Drama. Baltmannsweiler: Schneider Verlag Hohengehren 1996. S. 157–192.

Winkler, Werner: Friedrich Dürrenmatt. Der Besuch der alten Dame. Braunschweig: Schroedel 2009.

Verfilmungen

Der Besuch der alten Dame. Regie: Ludwig Cremer. ARD 19.2.1958.

The Visit. A Play in Three Acts. Aufgeführt bei den Filmfestspielen in Cannes 1964. Regie: Bernhard Wicki.

Der Besuch der der alten Dame. Regie: Nikolaus Leytner. ORF/ARD 2008.

Vertonung

Der Besuch der alten Dame. Oper von Gottfried von Einem. Uraufführung am 23.5.1971 in der Wiener Staatsoper. Regie: Otto Schenk. Musikalische Leitung: Horst Stein

Internet

www.duerrenmatt.net

www.bundesmuseum.ch/cdn

www.xlibris.de/Autoren/Duerrenmatt/Biographie